감정노동의 세상에서 나를 지키는 법

오늘도 상처 입으며 일한 당신에게

오늘도
상처 입으며 일한
당신에게

초판 1쇄 발행 2016년 4월 25일
초판 3쇄 발행 2017년 1월 5일

지은이 손정연
펴낸이 이지은
펴낸곳 팜파스
기획·편집 박주혜
디자인 박진희
마케팅 정우룡

출판등록 2002년 12월 30일 제10-2536호
주소 서울시 마포구 어울마당로5길 18 팜파스빌딩 2층
대표전화 02-335-3681 **팩스** 02-335-3743
홈페이지 www.pampasbook.com | blog.naver.com/pampasbook
이메일 pampas@pampasbook.com | pampasbook@naver.com

값 13,000원
ISBN 978-89-7026-082-0 (03180)

이 도서의 국립중앙도서관 출판예정도서목록(CIP)은 서지정보유통지원시스템 홈페이지(http://seoji.nl.go.kr)와 국가자료공동목록시스템(http://www.nl.go.kr/kolisnet)에서 이용하실 수 있습니다.(CIP제어번호: CIP2016008620)

감정 소모에
시달리는
직장인을 위한
감정조절의 심리학

감정 노동의 세상에서 나를 지키는 법

오늘도
상처 입으며 일한
당신에게

손정연 지음

팜파스

머리말

- 백화점의 지하 주차장에서 주차요원으로 보이는 한 남성이 여성 고객 앞에서 무릎을 꿇었다.
- 마트의 계산대에서 시작된 욕설과 갖은 모욕은 잠시 몸을 피해있던 탈의실까지 쫓아와 그칠 줄을 모른다.
- 전화기 너머로 들리는 성희롱과 같은 음담패설과 비하 발언들은 입술을 깨물게 만든다.

사람은 누구나 타인에게 존중받기를 원하기 때문에 나를 공격하는 사람에게 너그러운 마음을 갖기란 무척 어려운 일이다. 그럼에도 불구하고 마음에 상처가 되는 감정을 억제하거나 축소한 후 타인을 향해 웃어 보일 것을 훈련 받는 직업도 있다. 흔히 서비스직에 근무하는 사람들이 여기에 속할 것이다. 그리고 우리는 그들을 가리켜 '감정노동자(emotional labor)'라고 한다. 마주 선 고객에게 자신의 감정을 속이고 재가공된 감정을 보여야 하는 것이다.

그러나 최근에는 이런 서비스직에 종사하지 않더라도 현대인들의 상당수가 감정노동에 노출되어 있다. 미국의 사회학자 앨리 러셀 혹실드(Arlie Russell Hochschild) 교수는 그의 저서 〈감정노동〉(이매진, 2009)에서 배우가 연기하는 것처럼 직업 때문에 다른 사람의 기분을 좋게 하려고 스스로의 감정을 관리해야 하는 일을 가리켜 감정노동이라고 정의했다. 서비스직에 종사하든 그렇지 않든 타인의 감정에 맞춰 나의 감정에 가면을 쓰게 되는 것을 가리키는 것이다. 관계 속에 살아가는 사람이라면 누구라도 자유로울 수 없는 것이 바로 감정노동이다.

나는 직업상 주변에 기업 출강을 하는 산업 강사들이 많은 편이다. 나를 포함한 많은 강사들이 강의를 하며 한 번씩은 경험하게 되는 일 중 하나는 예정되어 있던 강의가 갑자기 취소되거나 연기되는 일이다. 강사들은 그 강의를 위해 시간을 들여 자료를 준비하고 더러는 같은 날짜에 들어온 더 좋은 조건의 강의를 거절하기도 한다. 하지만 그 강의를 취소하는 상대방에게 나에게 일어났던 구체적인 일들과 당황스러운 감정을 모두 표현하는 강사들은 많지 않을 것이다. 이후에 연결될 다른 강의들과 업계에 퍼질 소문을 의식하여 되도록 '좋은 게 좋은 거다'라는 감정으로 억누르는 것이다.

"아~그렇군요. 어쩔 수 없죠." 또는 "뭐 그럴 수도 있죠. 다음에 꼭 연락주세요."와 같은 표현으로 말이다.

강사라는 직업은 특별히 서비스업은 아니지만 일을 하는 과정에서 수없이 많은 감정 관리를 필요로 하고 교육담당자나 교육생의 기호에 맞게 강의를 준비해야 하기에 서비스업으로 분류할 수도 있을 것이다.

하지만 강사만 그럴까? 가정에서 가족을 위해 저녁을 준비하는 주부도, 시댁 식구들의 모임에서 작아지기만 하는 며느리도, 학교에서 여러 아이들을 가르치는 선생님도, 국민을 위해 국가의 살림을 책임지는 대통령까지도 모두 감정노동자라 할 수 있을 것이다.

감정노동은 '관계'에서 비롯된 것이기에 우리 모두는 각자 주어진 역할로 타인과 관계를 맺으며 마치 연극 무대와 같은 하루하루를 살아가고 있다. 아침에 눈을 떠서 다시 잠자리에 들 때까지 쉴 틈 없이 주변의 환경과 사람들이 주는 자극으로부터 크고 작은 감정들을 생산하고 재가공해야만 하는 것이다. 이렇게 본다면 감정노동의 뿌리는 나와 타인 간의 불편한 인간관계로부터 시작되는 것이라고 할 수 있다.

그렇다면 혹시 관계를 맺는 것에 능숙해진다면 감정노동의 불편함을 어느 정도 약화시킬 수 있는 것일까? 이 책을 통해 다양한 관계 속에서 개인이 느끼는 주된 감정들과 혹은 그 감정을 속인 후 겉으로 표출되는 행동을 통해 역으로 관계의 불편함을 다시 점검하고 회복할 수 있는 방법들을 '사례 - 상처받은 감정-객관적 점검 - 감정순화의 방법-실천 팁'의 단계로 제시하고자 한다.

우리가 느끼는 감정은 긍정적 측면과 부정적 측면을 모두 가지고 있다. 때로는 감정에 휘둘려 일을 망치기도 하고, 반대로 감정을 잘 조절해서 원하는 것을 이루기도 한다. 물론 감정노동자들이 느끼는 감정의 부정적 측면을 해소하기 위해선 개인의 노력만으로는 어렵고 회사 측의 제도와 매뉴얼 도입, 사회 전반적인 의식이 바뀌어야 더욱 완전해지는 것이 사실이다. 그렇다고 사회와 환경의 변화만을 바라고 기다리기에는 마음의 상처는 더욱 깊어지기만 한다.

하여 본 책에서는 회사나 사회가 아닌 감정노동을 하는 당사자인 개인이 할 수 있는 방법들에 초점을 맞춰보았다. 개인의 인식 훈련과 타인에게만 책임 지웠던 감정의 원인을 객관적으로 분석하는 과정을 통해 다양한 실천 팁과 감정노동의 수준을 완화시킬 수 있는 방법들을 제시하고 있다고 이해하면 좋을 것이다.

사람마다 느끼는 감정은 너무나 다양해 가지의 수를 정하기가 어려울 정도다. 그래서 그 중에서 누구나 한번쯤은 경험했을 법한 '희노애락 애오욕'의 대표 감정들을 기준으로 직장 내 관계 속에서 겪게 되는 감정 고문을 다루고자 했다. 이 책에서는 직장 내 감정노동 현장에서 느낄 수 있는 대표 감정을 크게 '수치심(부끄러움), 분노(화), 슬픔(우울), 불안(두려움)'으로 나누었으며, 네 가지 감정마다 그 강도에 따라 약-중-강의 감정으로 다시 세분화했다. 또한 이것을 기준으로 감정고문 스토리를 구성하고 직접 실천할 수 있도록 단계별 tip을 제시하고 있다. 나와 비슷한 사례를 읽으며 때로는 유쾌하고 통쾌하게 희열을 느끼고, 때로는 공감하며 상처가 된 마음에 작은 치유의 시작을 알리는 따뜻한 글이 되길 희망한다.

손정연

목 차

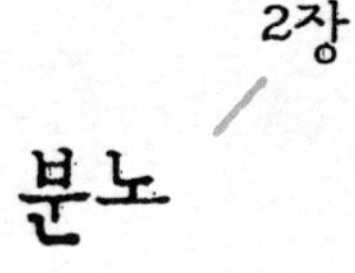

/ 왜 저 사람은 자꾸 화를 내고, 내게 만들까?

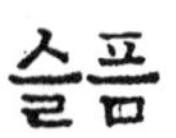

3장 슬픔

/ 내가 한 없이 보잘 것 없는 존재로 느껴질 때

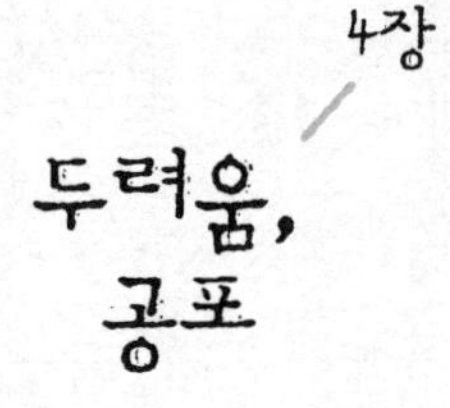

4장 두려움, 공포

/ 난 지금 제대로 하고 있는 걸까?

1장

수치심, 부끄러움

/ 오늘도 난 소심하게
내 마음을 갉아먹었다

소모한 나의 노동력_ **수치심 / 부끄러움**

원인 | 모두가 나를 비웃는 것 같아 부끄럽다. 존경 받지 못하는 내 자신이 수치스럽다.

속마음 | "이것 밖에 안 되는 내 모습이 너무 초라해."
"쥐구멍이라도 있으면 숨고 싶은 심정이야."
"내가 큰 죄를 지은 것만 같아 수치스럽고 모욕적이야."
"다른 사람들은 나를 우습게 여길 거야."

삶. 기울임

詩 김선규

제 몸 빙글빙글 돌리며
23.5도 기울인 채
일 년에 딱 한 번만
태양을 돌아 나오는 지구별

적당히 기울이고 사는 지혜로
일 년 전의 내가 올곧다.

적당히 기울이고 사는 지혜로
사계절을 오롯이 품에 안은 행운.

봄꽃도, 여름 소낙비도
가을 황금 들녘도
겨울 함박눈도
취한 듯 기울어진 삶.

타죽지 않으려고
적당히 기울이고 사는 지혜.

세상을 더 넓게 품에 안고
적당히 기울이고, 기울인 채.

no. 1

'비굴함'으로 감정노동 중인 당신에게

세상은 갑 아니면 을로 나뉘어져 있다

2014년 연말에 일어난 조현아 전 대한항공 부사장의 '땅콩회항' 사건에 대한민국은 그야말로 갑질 논란으로 떠들썩했다. 언제부턴가 사회적 강자와 약자를 뜻하는 용어로 자리 잡은 갑을(甲乙). 높은 지위나 권력, 금력을 앞세워 약자를 부당하게 핍박하는 행위를 비하하는 것을 흔히 '갑질'이라 한다. 그동안은 고객들이 서비스업에 근무하는 종업원들을 상대로 자신의 요구를 지나치게 강요하는 일들이 주된 이슈였는데, 땅콩회항 사건 이후 일반 직장에서 상사와 부하, 대기업과 중소 하청업체, 오픈마켓의 소상공인 등 다양한 곳에서 갑질에 대한 논란이 끊이지 않고 터져 나오고 있다.

이러한 갑질 횡포의 피해자가 된 '을'은 극심한 스트레스에 시달린다. 갑과의 관계에서 느끼는 두려움과 함께 갑에게 맞서지 못하는 자기 자신에 대한 못마땅함에서 비롯되는 무기력증과 비굴한 감정을 만들어 내기도 한다.

얼마 전 인터넷 뉴스를 통해 한 회사의 노조연대의 노동환경 실태조사에 관한 기사를 읽은 적이 있다. 해당 설문조사에서는 '업무 중 발주처의 갑질을 직접 경험해본 적이 있는가?'를 물었는데, 갑질 유형으로 '적정대가 이하의 용역계약', '빠른 결과 요청으로 인한 야근 및 주말 출근', '대가 지불 연기', '미미한 사항으로 전반적인 재작업 요구', '향응 접대 및 금품요구' 등을 들며 구체적인 갑질 사례를 제시했다(2015.5.22. 건설경제 신문 내용 중 발췌).

이것은 꼭 한 업계만의 특이 사항은 아닐 것이다. '야근 및 주말 출근'과 같은 것은 일반 회사 근로자에게도 흔히 적용되는 일반적인 이야기가 아닐까 싶다.

:: 사례1

한 유통업체의 지원팀에서 근무 중인 A씨(30대 초반, 여성)는 6개월 전 이 회사에 경력직으로 이직했다. A씨는 전 직장에서도 야근을 밥 먹듯이 했기에 웬만한 업무 강도는 견딜 수 있는 내공이 있다고 자신했다. 그런데 그녀가 이직 당시 간과한 사실은 오너 가족이 운영하는 회사라는 것과 주 6일 출근에 기본 퇴근 시간이 밤 10시를 넘기는 일은 일상이고 밤 12시~새벽 2시까지 잦은 야근과 주말 출근 등 열정 페이가 너무나 자연스럽게 강요되는 점이었다. 또한, 점심시간도 정해진 것 없이 팀장이 밥 먹으러 가자고 하면 그 시간이 식사 시간이고 15분 동안 식사하고 나서는 바로 업무 복귀였다. 이것만으로도 육체적 피로가 쉴 틈 없이 쌓이는데 바로 위 여자 상사가 그녀를 불러 어깨 안마를 시키거나 개인적 스트레스를 그녀에게 신경질적으로 풀고 있었다. 요즘 A씨는 자신의 선택이 후회스러우며 상사 앞에서 지시대로 행동하는 스스로가 불쌍하게 느껴지곤 한다.

:: 사례2

홈쇼핑의 전문 게스트로 10년째 활동 중인 한 후배는 요즘 자신도 모르게 '좋은 사람' 병에 걸린 것 같다고 했다. 홈쇼핑과 회사 측이 필요로 해야만 방송에 설 수 있는 기회가 생기는 일의 특성상 홈쇼핑 건물에 들어서는 순간 언제나 웃고, 언제나 상냥하며, 언제나 친절한 사람으로 바뀌어 있다는 것이다. 미팅 1시간 전에 전화가 왔다 할지라도 군말 없이 달려가야 하고 게스트 출연 없이 투 쇼호스트 출연인데 PD가 잘못 알고 연락을 줘도 "아니에요. 괜찮아요."라며 좋은 사람 흉내를 낸다고 했다. 그러다 보니 자꾸만 속마음과 다르게 행동하는 자신의 모습을 발견할 때마다 염증이 느껴져 싫었다. 거기에다 요즘 더 화가 나는 것은 '이런 일이 내 일인데 뭐 어쩌겠어….' 라며 스스로 당연하게 받아들이고 내 일에 대한 자부심을 잃어 간다는 것이었다.

열정으로 둔갑한 갑질

국제기구나 국가기관 등 쉽게 직무경험을 하기 어려운 곳이나 사회적 기업, 인권단체 등에서 무급 또는 차비와 같은 최소한의 경비만을 지급하는 형태로 고용을 하는 경우를 일컫던 '열정 페이'라는 말이 최근 직장인들 사이에서 유행어처럼 사용되고 있다. 그리고 그 열정 페이는 단지 업무처리에만 요구되는 것이 아니라 위 사례에서 본 것과 같이 상사나 거래 업체와의 관계에서 좋은 비즈니스 매너, 상대에 대한 예절로 둔갑해 휘둘러지고 있다. 이렇듯 열정을 빌미로 부당하게 요구되는 일까지 웃으며 인내해야 하는 것이 직장인의 현실인 것만 같아 안타깝다.

업무의 강도나 잦은 야근 등은 직장 내 업무 분장 또는 개인 및 부서 내 업무 우선순위를 정하는 방법으로 조정해 볼 수도 있고 프로젝트의 경우 종료 시점이 있기에 다소 낙관적일 수도 있다. 하지만 갑을의 수직적 상하관계에서 미묘하게 소모되는 감정노동의 문제는 개인별 기질과 성격 또는 처해진 상황 등에 따라 해석하는 기준이 달라지기 때문에 모두가 만족할 수 있는 명확한 해답을 찾는 것이 어렵다. 그야말로 누군가에겐 비굴함을 안겨주는 감정 노동을 누군가는 직장 내 원활한 관계를 위한 윤활유 같은 것이라고 편하게 해석할 수도 있기 때문이다.

여기에서 중요한 것은 상사의 말에 과장되게 공감하며 호응을 하고 자신의 감정을 속이며 펼쳐진 결과를 애써 긍정적으로 해석하는 태도가 아니라, 그것이 요구되는 주위 환경과 상황을 자신이 어떻게 바라보고 있느냐이다.

우리는 인생을 살아가며 상대방의 기분을 편안하게 해 주기 위해 '오늘 정말 근사하다.', '덕분입니다.', '역시 최고야!' 등의 말을 수없이 하며 살아간다. 하지만 그런 말을 하는 순간에 내가 비굴하게 또는 안쓰럽게 느껴지지는 않을 것이다. 다만 그것이 누군가의 비위를 맞추기 위해 내가 마음에도 없는 행동을 하고 있다고 해석하는 순간, 또 이것이 노동의 상하 지위 환경에서 조성된 불편함에 스스로 선택하여 행동한 것이 아니라 이미 집단의식 속에서 결정되어 있는 것이라고 생각하는 순간 우리의 감정은 불편해지기 마련이다. 그리고 그것이 상사의 모든 요구들을 갑질로 해석하게 하는 것인지도 모른다.

열정은 바로 나를 위한 것

세계에서 일하는 시간이 가장 긴 것으로 유명한 대한민국 직장인들의 70% 이상이 번 아웃 증후군(소진 증후군: Burnout syndrome)에 노출되어 있다고 한다. 마치 로켓의 연료가 다 타버린 것과 같이 오로지 한 가지 일에만 몰두하던 사람이 신체적 또는 정신적으로 극심한 피로로 인해 결국 무기력증과 자기혐오, 직무 거부 등의 현상에 빠지게 되는 것이다.

앞의 두 사례 속 주인공들 또한 지금껏 일에 대한 열정으로 버텼던 에너지가 소진되면서 관계에서 오는 불편함에 대한 문제를 크게 인식하기 시작한 것 같다. 그리고 두 사람 모두 그동안 이슈가 있을 때마다 적절하게 표현하지 못하여 쌓이고 억눌러진 감정의 칼끝이 결국 상대가 아닌 바로 자신에게 향해 버린 것이다. 스스로를 안타까워하며 비굴하다고 느끼는 것은 자존감을 무너뜨리는 감정이 될 수 있으며, 이는 인생의 고통에 대한 적응력을 현저하게 떨어뜨릴 수 있다. 한번쯤은 용기 내어 상사의 개인적 욕구 충족을 위한 부당한 지시는 거절을 해 보는 것도 답이 될 수 있다. 하지만 그로 인한 후폭풍이 아직은 너무 두렵다면 스스로의 마음을 단련하는 쪽이 나을지도 모른다. 스스로 좀 더 강한 멘탈을 만들고 싶다면 이렇게 해 보는 것은 어떨까?

우선 나의 스트레스 상태를 점검해 보자. 내가 번 아웃 증후군에 노출되어 있는지를 확인하는 자가 진단이다. 아래의 간단한 다섯 가지 항목 가운데 3개 이상 해당될 경우 전문가와의 상담을 권하고 있다.

▶ 번아웃 증후군 자가 확인 항목

- 아침에 눈 뜰 때 자신이 근사하다는 마음이 들지 않는가?
- 기억력이 옛날 같지 않고 깜박깜박 하는가?
- 전에는 그냥 넘길 수 있던 일들이 요즘엔 짜증나고 화를 참지 못하게 되는가?
- 어디론가 훌쩍 떠나고 싶은가?
- 이전에 즐거웠던 일들이 요즘은 무미건조하고 삶의 행복이

느껴지지 않는가?

(출처 : MBC 다큐스페셜, 2014)

전문가들은 번 아웃 증후군을 예방하기 위해서는 개인의 취미생활과 같이 심리적 공백을 메워 줄 다른 일에 몰두하는 것이 좋다고 한다. 그렇다면 인간관계 역시 지금 놓여진 상황과는 다른 관계를 맺을 수 있도록 새로운 시도를 해 보는 것이 좋지 않을까? 직장에서 상사나 업무 관계자에게 솔직히 드러낼 수 없었던 감정을 자유롭게 표현하고 공감 받을 수 있는 관계 경험을 다양하게 가져보는 것이다.

2014년도 질병관리본부가 발표한 '한국성인 우울 증상 경험' 보고서에 따르면 우리나라 19세 이상의 성인 중 12.5%, 즉 8명 중 1명은 우울증을 경험한 적이 있다고 한다. 성인 중 미혼 여성의 비율이 가장 높았다. 다양한 이유가 있겠지만 남성에 비해 감정노동 환경에 많이 노출된 것과 더불어 관계 경험이 남성이나 기혼 여성에 비해 적다는 점에서도 그렇다. 사람은 누구나 관계 속에서 자신의 속마음을 펼쳐 보이고 격려와 위로를 받게 된다. 하지만 관계가 다양하지 못할 경우 한 가지 역할에만 얽매여 갑갑함에서 벗어날 수 없게 되는 것이다. 감정의 억압은 결국 어떤 식으로든 분출이 될 것이며 평소와는 다른 합리적이지 못한 행동과 판단으로 나를 이끌게 될 것이다. 남성이든 여성이든 열정 페이로 자신의 에너지를 직장에 쏟고 있는 사람이라면 다양한 방식의 관계 맺기가 어려울 것이며 직장 내에서 빚어지는 감정적 소외감은 고스란히 자신의 자아를 깎아 내리는 것에 사용되고 만다.

갑질의 독소를 빼내기 위한 잠시 멈춤

돈과 권력으로 휘두를 수 없는 인간의 기본권리가 존중되는 사회가 선진국이다. 갑질의 독소를 빼내기 위해서는 선진국과 같은 사회의식의 변화와 직장 내 존중 문화가 바탕이 되어야 할 것이다. 그리고 을로 살아왔던 개개인의 감정 또한 성숙하게 키워져야만 한다.

알프스에서 어떤 사람이 길을 잃고는 13일 동안이나 방황하다 구출되었다고 한다. 그런데 이 사람은 매일 2시간씩 걸었는데도 나중에 알고 보니 그가 길을 잃은 장소로부터 반경 6Km 이내에서만 왔다 갔다 했다고 한다. 실제로 사람은 눈을 가리면 똑바로 걷지 못하고 100m마다 약 4m씩 축이 틀어져서 걷게 된다고 한다. 이런 현상을 윤형방황(輪形彷徨)이라고 하는데 이 윤형 방황에서 벗어날 수 있는 방법은 20~30m씩 걸을 때마다 걸음을 멈춰서 주변을 살피는 것이다.

우리 모두는 직장에 빠른 적응을 위해, 업무에 있어서 전문가가 되기 위해, 상사에게 인정받기 위해 기꺼이 열정 페이를 감수하며 앞만 보고 쉼 없이 달려왔던 것이다. 그러다 어느 날 문득 상사의 부당한 요구도 습관처럼 받아들이는 나를 발견하고는 한없이 우울해지고 무기력증에 휩싸이기도 한다. 그리고 자신을 향해 '왜 이러고 사니? 이렇게 비굴하게 산다고 뭐가 나아져?' 또는 '아주 아첨꾼이 다 됐구나. 불쌍하다 불쌍해.' 라며 비하하는 말을 하기도 한다. 이 모든 감정의 원인은 갑질 횡포를 멈추지 않는 상사에게 돌린 채 말이다. 그러면 지금 자신의 이 몹쓸 감정을 만들어낸 주체가 고약한 상사라고 생각하고는 그다지 느끼고 싶지 않은 감정을 회피할 수 있기 때문이다. 마치 피해자의 마음처럼 조금은 편안해지기도 한다. 하지만 이제는 앞만 보고 달리던 걸음을 멈추고 그 자리에 멈춰 서서 당신이 느끼는 불편한 감정을 회피하지 말고 거울 속 자신의 얼굴을 똑바로 마주할 수 있기를 바란다. 그리고 오늘도 열심히 살아가는 나에게 '수고했어. 아무도 널 알아주지 않아도 내가 알아줄게.' 라며 스스로를 위로하고 다독여줬으면 한다.

여태껏 억누르며 쌓였던 '감정'이라는 눈을 한번은 털어내고 가는 시간을 가져야 할 것이다. 직장은 긴 호흡으로 걸어가야 하는 곳이지 단거리 달리기를 하는 곳은 아니기 때문이다. 마음의 독소가 주기적으로 빠져 나간다면 거울에 비춰진 나의 모습도 비굴하기보다는 좋은 관계를 위해 애쓴 프로의 모습으로 보일 것이다. 지금 나에게 이렇게 말해주자.

"○○○, 오늘도 수고 많았어."

실천 난이도(강) 용기내기

나를 비굴하게 만드는 상대방과 같은 공간에 있는 것조차 힘들고 그 마음의 병이 몸으로 연결되어 신체 증상으로까지 나타나고 있다면 이제는 감정의 소용돌이에서 빠져나와야 할 시간이다. 물론 평소보다 훨씬 많은 용기가 필요할 것이다. 업무 외에 개인적인 부탁을 하는 상사에게 이렇게 말해 보자.

"안마를 해 달라고 하셨을 때 제가 조금 불편했습니다. 물론 아랫사람이긴 하지만 인간적으로 저도 과장님께 존중 받고 싶었거든요."

또는 이런 직접적인 표현이 어렵다면,

"과장님, 저희 사무실에 안마의자 하나 놓을까요? 저 없을 때도 안마 받으셔야 하니~" 라며 약간의 유머로 지혜를 발휘해 보는 방법도 있을 것이다.

실천 난이도(중) 새로움과 만나기

상대방에게 직접적으로 이야기할 자신이 없거나 상대방의 수용의지를 자신할 수 없다면 하루 종일 비굴 모드로 손상되었던 내 자존감을 다시 세워줄 새로운 환기구를 찾는 것도 좋다. 그곳에서만큼은 감정을 속이지 않고 자유롭게 나를 표현해야 하니 평소 알고 지내는 지인들과의 만남보다는 나의 성향을 잘 모르는 새로운 사람들과의 모임이 더 좋다. 그들로부터 받는 지지와 칭찬, 인정이 직장에서 받은 내 마음의 상처에 큰 위로가 될 것이다.

실천 난이도(약) 토닥토닥

비굴하다는 감정은 스스로를 비겁하거나 졸렬한 사람으로 평가하여 자존감에 큰 상처를 내는 오류를 범하기 쉽다. 장시간 이러한 감정에 노출된 사람은 어느 순간 자신을 가치 없는 사람으로 폄하하며 스스로를 구석에 가둬버리게 될지도 모른다. 나의 자존감 회복을 위해 지금부터 양팔을 교차하여 몸을 감싸 안고 이렇게 말해 보자. "괜찮아. 그 힘든 일들과 사람들을 이렇게 잘 견뎌내고 있잖아. 넌 정말 특별해. 잘하고 있어."

나를 향한 위로와 격려는 내게 큰 용기를 가져다 줄 것이다.

no. 2

'곤혹감'으로 감정노동 중인 당신에게

나 또 사고친걸까?

직장 생활 중 가장 큰 실수하면 어떤 장면이 떠오르는가?

그 실수는 지금 당신이 직장 생활을 하는데 플러스 요인으로 작용되었는가? 아니면 마이너스 요인으로 작용되었는가?

- "뭐해?" 라는 문자 메시지에 "뭐하긴 일하지 ㅋㅋㅋ" 라고 답장을 보냈다.
  알고 봤더니 상사의 문자였다. 모르는 번호여서 친구인줄 알았다고 했더니 그럼 아직까지 내 번호를 저장 하지 않았던 거냐고 물으셔서 당황스러웠다.

- 상사의 부탁에 나름 열심히 야근까지 해 가며 보고서를 만들어 올렸는데 이걸 보고서라고 올렸냐며 엄청 혼을 내셨다. 억울하고 분해서 동료와의 메신저 대화창에 "그럼 자기가 하면 되지 왜 시키고 난리야." 라고 보냈는데 "그럼 이제 내가 할게. 시켜서 미안하다." 라는 답장이 떴다. 상사와의 대화창에 메시지를 보낸 것이었다. 손이 발이 되도록 빌었다.
- 거래처에 입금을 해야 하는데 '0' 하나를 더 붙여서 보내는 실수를 했다. 손해 보게 되면 어쩔 거냐고 된통 혼이 났다.
- 푸름이라는 멋진 이름이 있는데 주름이라고 잘못 읽었고 등줄기에서 식은땀이 비 오듯 흘렀다.
- 회식 때 노래방에서 흥에 겨워 신 나게 놀다가 상사의 머리에 실수로 손이 닿아서 손을 치운다는 것이 가발을 벗기는 실수 아닌 대형 사고를 치고 말았다.
- 분명히 친구에게 전화를 걸어 저녁 약속 장소를 말해주고 끊으려는데 "ㅇㅇㅇ씨?" 라고 반문해 오는 상대방의 목소리가 들렸다. 그래서 전화기를 다시 보니 거래처 상사에게 전화를 걸었던 것이었다. 그것도 아주 편하게 반말로 말이다.

(출처 : 포털 사이트 네이버 외)

인터넷에서 쉽게 찾아볼 수 있는 직장인들의 실수담이자 나의 지인들이 경험했던 직장 내 실수들을 모아 본 것이다. 사실 나 또한 직장인이었던 시절 저 중 몇 가지의 실수를 경험했던 적이 있다. 다시 떠올려도 참 당황스럽고 표정관리가 안 되는 곤혹스러운 순간이긴 하다. 다행히도 상대방이 실수로 인정해 주고 괜찮다고 말해줄 경우 당사자의 마음은 한결 가벼워질 것이다. 하지만 사실 저 상황을 당하는 상대방도 그다지 좋은 기분은 아니기에 아량을 바라는 것은 너무 큰 기대일수도 있지만 말이다.

그저 지속적으로 나를 괴롭히는 감정노동이 아닌 일시적으로 스쳐가는 감기 같은 것이라고 생각하는 것이 정신 건강에 도움이 될지도 모르겠다.

잠시 나에게 관대해져 보자

정말 난처한 일이 아닐 수 없다. 저런 실수를 경험하고 나면 상대방을 똑바로 보는 것도, 같이 식사를 하는 것 모두 곤혹스럽기만 하다. 만약 긴 기간 동안 상대방과 협업을 해야 하는 업무가 주어지기라도 하면 매일매일 가시방석에 앉아있는 것 마냥 불편할 것이다. 그야말로 고도의 감정노동인 것이다.

지난 해 잡코리아 좋은일연구소가 남녀 직장인 3,156명을 대상으로 '신입사원 실수'를 주제로 설문조사를 실시한 결과를 보면, 신입사원이 가장 많이 하는 실수로(*복수응답) '지시한 내용과 다른 방향으로 일처리'하는 '업무실수'가 응답률 62.8%로 1위를 차

지했다.

그 다음으로는 △호칭실수_이름과 직급을 헷갈림(54.5%), △전화실수_상대방 연락처를 받아 적지 않았다(42.1%), △이메일 실수_제목 없음 / 첨부파일 없음 / 수신자 잘못 보냄 등(31.9%), △회식자리 실수_먼저 취해 인사불성(14.5%), △회의실수_회의하다 졸았다(8.6%), △기타(1.5%) 순으로 조사됐다.

(출처 : 아시아뉴스통신, 2014)

리서치의 내용이 비단 신입사원에게만 해당하는 실수는 아닐 것이다. 실수한 쪽은 상대방에게 미안함을 느낌과 동시에 이 사태가 당황스러울 것이다. 그리고 그 짧은 순간 이 실수가 혹시 나와 상대방 관계에 불편함을 줄 것에 대한 걱정과 만약 그 상대가 인사권을 쥐고 있는 상사라면 불안과 두려운 감정까지 확산될 수도 있을 것이다.

그렇기 때문에 이런 상황에서 우리가 집중해야 하는 것은 곤혹스러운 감정이 불안과 두려움, 염려로까지 번지지 않도록 빠르게 상황을 수습하는 것이다. 그만큼 빠른 사고 판단력이 필요하다. 하지만 경험해 본 사람들은 잘 알겠지만 저런 실수를 하게 되면 나도 모르게 머릿속이 새하얘지고 심장 박동은 점점 빨라지기만 한다.

이런 경우 떨고 있는 자신에게 조금 느긋하게 여유를 전달할 필요가 있다. 크게 심호흡을 하면서 생각을 정리해야 한다.

"괜찮아. 실수였어. 그리고 진심으로 사죄한다면 충분히 이해받을 수 있을 거야."

"누구나 실수는 할 수 있다."

"가끔 실수할 수도 있는 거지 뭐. 다음부터 잘하면 돼."

"살아가면서 운이 좋을 때도 있고 나쁠 때도 있는 거야."

얼핏 보면 무책임한 생각이 포함되어 있다고 느낄 수도 있으나 결코 그렇지 않다. 당황스러운 상태에서는 다시 실수를 할 수 있으니 이와 같은 대범한 생각으로 마음에 편안을 찾아줘야 한다.

다음은 침착하게 조급한 마음을 달래고 생각을 긍정적으로 바꾸는데 도움 되는 문구들이다.

"아침이 찾아오지 않는 밤은 없다."

"아무리 긴 터널이라 하더라도 반드시 출구가 있다."

"겨울 추위가 아무리 혹독해도 반드시 따뜻한 봄은 찾아온다."

실수의 순간 머릿속에서 되새기면 좀 더 빠르게 마음의 안정과 침착함을 얻는데 도움이 될 것이다.

정직하게 인정하고 헤쳐 나갈 것

"추위에 떨어본 자만이 태양의 따뜻함을 느낄 수 있다. 인생의 쓴맛을 본 자만이 생명의 존귀함을 알 수 있다." 미국의 시인 휘트먼의 말이다.

사실 실수가 명백한 부분이기 때문에 내가 상대방의 기분을 풀어

주기 위해 손이 발이 되도록 비는 것을 감정노동이라고 말할 수는 없을 것이다. 다만 이 에피소드를 깔끔하게 마무리 짓지 못할 경우 이것이 직장 생활 내내 불편한 감정노동이 될 수 있다는 점은 어느 정도 확신할 수 있다. 더불어 원만히 잘 해결될 경우 웃지 못 할 일이 아니라 웃을 수 있는 큰 추억담으로 남게 될 것이라는 것도 알고 있다. 나 또한 그랬기 때문이다.

그래서 나는 위와 같은 실수의 경우 다른 정답이 없다고 본다. 이런 경우 정도를 가는 것이 답이라는 생각을 가지고 있다. 자신의 잘못을 시인하고 상대방의 마음이 괜찮아질 때까지 기다려 주는 것이다. 혹시라도 자신의 실수를 덮기 위해 이런저런 핑계를 대거나 모르는 척 할 경우 일은 더욱 커지기 때문이다. 또한 이러한 실수가 빈번하게 발생한 상태라면 사실상 흔한 말로 '찍혔을' 수도 있는 일이다. 누군가가 실수를 했을 때 사람들은 '무슨 일이래?'와 동시에 '누군데?'를 떠올리며 그것이 몇 번이나 동일 인물로 밝혀질 경우에는 '또 너야?'라는 말이 무의식적으로 나올 수밖에 없기 때문이다.

그래서 누구나 이런 일을 겪으면 상대방을 대할 때 심하게 주눅이 들고 위축될 수밖에 없다. 이처럼 감정노동을 길게 하지 않기 위해서는 자신의 업무 몰입도와 함께 몇 가지 태도의 변화가 필요할 수 있다.

메모하는 습관, 진행 상황에 대한 빈번하고 즉각적인 보고, 일 잘하기로 소문난 선배나 상사의 일처리 방식을 자세히 관찰하는 태도, 그리고 모르는 것에는 질문으로 한 번 더 확인하는 태도가 필요하다. 그래서 실수가 반복되는 일을 줄여야 한다.

잘못의 시인과 함께 태도를 바꾸고 노력하고 있는 모습이 상대방의 눈과 귀로 전해질 때 너그러운 용서가 찾아올 것이다. 초조해 하지 말고 천천히 준비하고 기다린다면 그 진심은 반드시 통할 테니 말이다.

실수에도 진심은 통한다

타인의 감정을 상하게 하지도 않으면서 부정의 감정으로 확대되는 것을 막을 수 있는 대화법을 하나 소개하려고 한다. 위에 제시한 상황들 중에서 아래 내용으로 예를 들어본다.

- 상사의 부탁에 나름 열심히 야근까지 해 가며 보고서를 만들어 올렸는데 이걸 보고서라고 올렸냐며 엄청 혼을 내셨다. 억울하고 분해서 동료와의 메신저 대화창에 "그럼 자기가 하면 되지 왜 시키고 난리야." 라고 보냈는데 "그럼 이제 내가 할게. 시켜서 미안하다." 라는 답장이 떴다. 상사와의 대화창에 메시지를 보낸 것이었다. 손이 발이 되도록 빌었다.

가장 먼저 생각해야 하는 것은 나의 감정과 상대방의 감정이다. 그리고 그 감정이 품고 있는 욕구를 찾아주고 상대방에게 정중히 부탁을 하면 된다. 이것은 비폭력대화(NVC)의 모듈이기도 하다.

솔직하게 말하기	솔직하게 듣기
관찰	관찰
느낌	느낌
욕구	욕구
부탁(연결/행동 부탁)	부탁(연결/행동 부탁)

1. 관찰 : 과장님, 메신저 대화창에 제 말이 뜨는 것을 보고 많이 놀라고 당황하셨죠?
2. 느낌 : 저도 제가 과장님께 메시지를 보냈다는 사실을 알고 당황스럽고 죄송했습니다.
3. 욕구 : 저는 사실 다른 분보다 과장님께 업무적인 부분에서 인정받고 싶은 마음이 컸습니다. 그런데 그러지 못한 부분에 실망이 좀 있었고요. 그렇다고 그런 식의 표현을 한 것에 대해서는 변명의 여지없이 잘못했습니다. 또 평소 직장에서 인성이 된 사람이라는 말을 듣고 싶었는데 순간 감정조절을 못하고 이렇게 큰 실수를 하게 되니 스스로에게 너무 속상합니다. 과장님도 부하 직원에게 존중받고 싶고 또 저의 예의바른 태도를 보고 싶으셨을 텐데 그런 모습을 보여드리지 못해 기분 상하셨을 것 같고요.
4. 연결 부탁 : 제가 이렇게 말씀드리는 것에 대해 괜찮으세요?
5. 행동 부탁 : 앞으로 이런 실수 없도록 각별히 신경 쓰고 평소 무례한 언행을 하지 않도록 주의할 테니 지켜봐 주세요. 과장

님의 노여움이 조금이라도 풀릴 수 있었으면 좋겠습니다.

기억하자. 무턱대고 그냥 비는 것보다는 나와 상대방의 감정을 읽어주고 욕구를 전달하는 것이다. 그렇게 했을 때 서로의 대화는 풍성해질 것이고 평소 몰랐던 상사의 생각을 듣는 좋은 기회가 될 수도 있을 것이다. 그야말로 위기가 기회를 만드는 순간인 것이다. 평소 다른 사람이 아닌 과장님께 인정받고 싶었다는 말에 과장님의 마음은 조금이라도 흔들릴 것이 분명하기 때문이다.

'그래, 열심히 준비한 것 같던데 내가 너무 심하게 했나보군.'이라고 말이다.

실천 난이도(강) 진심으로 대화하기

오랜 감정노동으로의 진행을 막기 위해서 실수한 것이 상대방과 사적인 관계를 틀 수도 있는 좋은 기회라는 생각을 갖자. 그리고 자신의 실수에 대해 즉각 시인을 하고 정직하게 용서를 구하도록 하자.
더불어 일어난 사실에 대해 그대로 말한 후 자신과 상대방의 감정을 읽어준다. 그리고 욕구와 부탁을 함께 전달하는 것이다.

1. 관찰 : 보고, 듣고, 말한 것을 사실대로 말하기(내가 ~를 했을 때)
2. 느낌 : 나는 기분이 ~ 했어요(이런 감정을 느꼈다).
3. 욕구 : 나는 ~을 중요하게/ 원하고/ 바라고/ 필요로 하기 때문이다.
4. 부탁(연결/행동) : 상대방의 마음을 체크하는 질문 후 구체적/ 청유형으로 부탁하기

실천 난이도(중) 상대방의 용서를 기다리기

잘못을 시인한 후 그저 상대방이 아량을 베풀어 줄 때까지 기다리는 것이다. 혹은 기분이 풀릴 때까지 보좌 역할을 하는 것이다. 하지만 이 방법은 나의 잘못으로 인해 어쩔 수없이 해야 하는 일이라며 자신을 파괴하는 감정노동을 하게 되는 경우가 많아 그다지 추천하고 싶지는 않다.
또한 상대방이 비교적 너그러운 사람일 경우에만 효과를 볼 수 있는 방법이다.

실천 난이도(약) 업무 몰입도 높이기

위에서 언급한 대로 메모하는 습관, 진행 상황에 대한 빈번하고 즉각적인 보고, 일 잘하기로 소문난 선배나 상사의 일처리 방식을 자세히 관찰하는 태도, 그리고 모르는 것에는 질문으로 한 번 더 확인하는 태도가 필요하다. 그래서 실수가 반복되는 일을 줄여야만 한다.

no. 3

'모멸감'으로 감정노동 중인 당신에게

그것은 다름 아닌 범죄다

사람은 누구나 스스로 설정한 이상적인 자기 모습이 있다. 이것을 '자아이상(ego ideal)'이라고 한다. 타인으로부터 존중과 박수를 받는 모습, 물질보다는 가치를 좇는 삶, 사람의 존엄성을 지켜주는 것, 사랑을 실천하고 나누는 것을 아끼지 않는 모습 등 유능하고 현명한 모습을 이상적인 자기에 대한 기대로 가지고 있다는 것이다. 하지만 자신의 현재 모습이 이러한 자기 기대에 미치지 못했을 때 우리는 수치심을 느끼게 된다. 이 수치심은 바보스럽고 어리석은 자신의 행동에 대해 스스로를 비난하면서 발생하는 자기처벌적인 감정이다. 그 반면 모멸감은 나를 비난하는 주체가 타인인 경우이다. 타인으로부터 무시와 멸시를 당했다는 느낌을 받으면 사람은 누구나 모멸감과 동시에 자기를 학대하는 수치심을 느끼기도 한다. 바로 이것이 자아를 무너뜨리는 나쁜 주범들이다.

:: 사례

작은 제조사에서 회계 업무를 담당하고 있는 수정 씨는 오늘도 얼굴이 몇 번이나 화끈거렸는지 모른다. 잘못한 것도 없는데 사장과 대화를 하다보면 수정 씨 스스로가 굉장히 가엾고 안쓰럽게 느껴진다. 그런 느낌을 받을 때마다 앞에 앉아서 히죽히죽 웃어가며 말을 이어가는 사장이 너무나 밉기도 하다. 사장은 월대차대조표를 볼 때마다 수정 씨가 마치 일을 제대로 하지 못해서 회사의 수입이 적다는 식의 말을 하곤 했다.

"뭐야? 이번 달은 왜 마이너스야? 제대로 한 거 맞아?"

또 생산 현장의 경우 생산량이 눈으로 확인되기 때문에 그 노고를 치하하지만 수정 씨처럼 사무실에서 일을 하는 직원들에게는,

"하는 일도 없이 앉아 있다 벌써 퇴근하는 거야? 일 참 편하게 하네." 라고 말하곤 했다.

이런 말을 들을 때마다 수정 씨는 자신이 놀면서 월급을 받는 것도 아니고 정당하게 일한 만큼 대가를 받는 것인데도 왠지 도둑질을 해서 주머니를 채우는 것만 같아 모멸감과 수치심이 동시에 느껴져 너무 괴롭기만 하다. 때로는 내가 이런 작은 회사를 다니니 무시당하

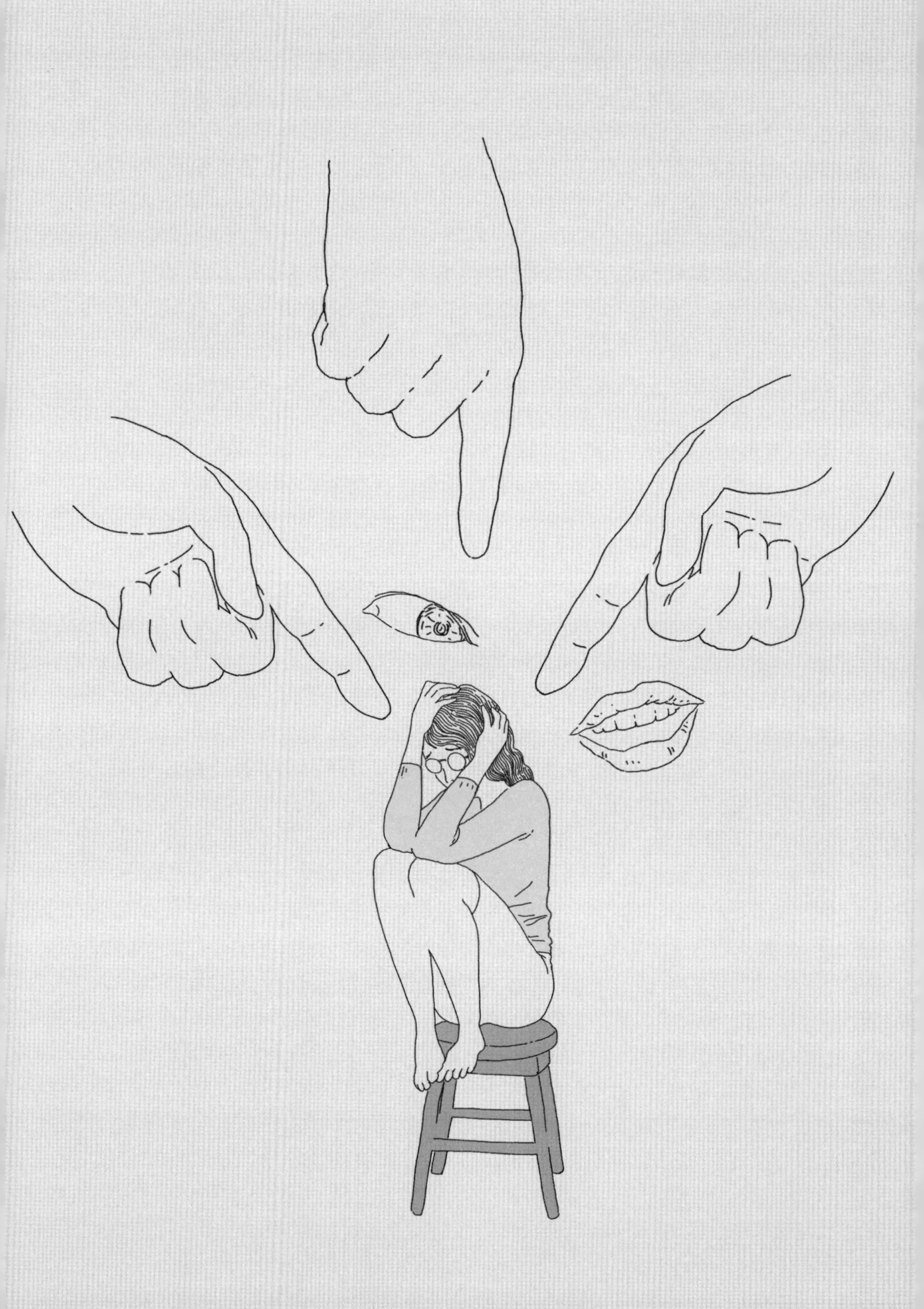

는 것이 마땅하다는 생각이 들기도 한다.

나는 대학교 때부터 많은 아르바이트를 경험했고 대학 졸업 후, 그리고 강의를 시작하기 전까지 약 10년 정도 직장 생활을 했다. 지금 떠올려 보면 내가 경제활동을 하며 가장 큰 수치심과 모멸감을 느꼈던 때는 바로 콜센터에서 근무할 때가 아닐까 싶다. 분명 아르바이트를 할 때보다 놀라울 정도로 안정적인 고용 환경을 누리고 있었고 스스로 일에 대한 성취감이 높았음에도 그때 나의 자아는 쉴 틈 없이 많은 공격을 받았다. 그 중에서도 수정 씨처럼 얼굴이 화끈거릴 정도로 기분이 좋지 않았던 경우는 바로 고객으로부터 "야! 멍청하고 갈데 없으니까 거기 앉아서 상담하는 거 아냐? 너희들 고등학교는 나왔냐? 무식한 X."라는 식의 그야말로 이유 없이 업신여기는 형태의 무시를 받을 때였다.

가정과 사회, 그리고 보통의 직장에서는 저런 식의 발언이 큰 사건이 될 수 있지만 콜센터에서는 저 정도 고객들의 발언이 결코 특별한 일이 되지 못했다. 분에 못 이겨 고객과 언성을 높이는 직원이 있는가 하면 스스로 느끼는 자괴감을 이기지 못해 화장실로 뛰어가 하염없이 눈물만 흘리는 직원도 있었다.

우리 중 어느 누구도 누군가로부터 인격을 모욕하는 발언으로 공격을 받을 이유는 없다. 그것은 한 사람의 자아를 짓밟는 범죄와도 같은 것이기 때문이다.

내 안의 변명을 들어 주자

직장에서 가장 속상한 일은 열심히 업무 수행을 했음에도 불구하고 그것을 인정받지 못할 때이다. 부하의 업무 수행에 대해서 즉각적인 피드백과 잘한 부분에 대한 공개적 칭찬, 그리고 기대 이하의 수행에 대해서는 비공개적으로 그 당사자만을 불러 감정을 배제한 상태에서 조언을 해 줘야 한다는 것을 우리 모두는 너무나 잘 알고 있다. 그런데 수정 씨는 인정은커녕 오히려 의심과 눈치를 받고 있으니 더욱 기분이 상할 수밖에 없는 것이다. 이러한 상사의 태도는 부하의 작업 몰입을 떨어뜨리는 요인으로 작용하기도 한다.

상대방이 내가 원하는 반응을 해 준다면 기쁘겠지만 더러 예상치 못한 반응으로 돌아온다고 해도 나만은 나를 인정하고 또 위로해 주어야 한다.

수치심과 모멸감은 감정이다. 그것이 내 현재의 자아를 대변하지는 않는다. 그 감정을 생산할 권리도, 삭제할 권리도 모두 내가 가지고 있는 것이다. 내 자아를 해치면서까지 상대방을 이해해줄 필요는 없다. 분노해도 좋다. 상황을 반박하는 자신의 이야기에 귀를 기울여 보도록 하자.

'내가 왜 이런 이야기를 들어야 하지?'

'내가 이렇게 느낄 이유는 전혀 없어.'

'이렇게 느낀다는 것은 내가 약하다는 증거야.'

하지만 감정의 원인과 주체를 자기에게로 전향시키는 것은 막아야 한다. 특히 직장 내 성추행이나 성희롱의 피해자들은 사건이 일어나면 강한 수치심을 느끼게 되는데, 직장에서 자신을 향해 비난이 쏟아질 것을 두려워해 자신이 피해자임에도 불구하고 문제 뒤로 숨어버리는 방식을 선택하기도 한다. 이런 선택은 자신을 더욱 비참하게 만드는 역할을 하게 된다. 그러니 내가 상대방의 잘못된 사고와 행동을 그대로 수용하고 있다는 걸 스스로 느끼고 있다면 이 생각이 상대에게 전달되지 않도록 마음속으로라도 그를 반박할 수 있어야 한다.

그리고 고통스러운 감정에 마음의 한 부분이 툭 떨어져 나갔을 나를 향해 괜찮다며 위로와 공감의 시간을 가지는 것도 잊지 말아야 한다. 나라는 사람은 충분히 존재 가치가 있으며 타인으로부터 존중받을 가치 또한 있다는 것을 스스로 인정하는 것이다. 그럼 나를 비참하게 만들었던 감정으로부터 조금은 자유로워질 수 있을 것이다. 이것이 나를 보호하는 방법이다.

나에게 묻고 또 묻기

수정 씨는 지금 속으로 무슨 생각을 하고 있을까? 나를 업신여기는 사장이 너무 싫을 것이다. 그러면서 왠지 내가 도둑질을 해서 주머니를 채우는 것만 같다거나 작은 회사를 다니니 무시당하는 것이 마땅하다는 등 스스로 자신의 처지를 비하하는 생각을 하고 있다. 이것은 상대로부터 받은 모멸감이 자기처벌적 감정인 수치심을 건드렸다는 것을 의미한다. 이 수치심은 스스로 설정한 이상적 기대에 그 뿌리를 두고 있다.

그렇다면 과연 스스로 내 자아이상을 건강하게 인정하고 있는지 되묻지 않을 수 없다. 과연 스스로 지금 자신의 직업에 가치를 부여하고 있는지, 또 얼마나 만족하고 있는지 말이다. 엉켜버린 실타래의 시작 부분이 바로 이곳일 수도 있기 때문이다.

콜 센터 근무 시절 어느 날, 난 고객에게 공격을 당한 후 스스로에게 냉정하게 질문을 했다. 지금 억울하고 눈물이 나는 이유가 나를 무시하는 고객의 말 때문인지 스스로 내 일에 대해 가치를 두고 있지 않음에서 나타나는 현상인지에 대해 말이다.

물론 고객의 말이 참을 수 없는 모멸감을 주어 수치심을 자극한 것은 맞으나 더 깊은 내면의 나와 만나면서 알게 되었다. 그 당시의 나는 직업에 대해 보람이나 만족감을 크게 느끼지 못하고 있었던 것이다. 그 이유는 내 만족의 기준이 회사 밖에서 나를 바라보는 다른 사람들의 평가, 흔히 말하는 직업 선호도에 좌우되고 있었기 때문이다. 그걸 알게 되자 스스로에게 묻고 싶어졌다.

'니가 선택한 직업이야. 그리고 그 선택의 시간 동안 너는 충분히 이 일을 가치 있는 일로 판단했었어. 무엇이 달라진 거지?'

그렇게 한참을 나에게 묻고 또 물었다. 그리고 마침내 타인이 평가하는 기준이 아니라 내가 만족할 수 있다면 그것이 가치 있는 것이라는 결론을 내렸다. 그 뒤로는 하루에도 수많은 사건사고로 가득했던 나의 일상이 참 심플해졌다. 난 고객들에게 굉장히 큰 도움을 주는 사람이라고 스스로 인정했고 그들은 혼자서는 풀지 못하고 헤맸을 어려운 문제를 나를 통해 해결했으니 고마워 할 것이라는 근거 없는 자신감도 갖기 시작했다. 그때부터는 정말 상담이 즐거웠다. 난 매일 아침 상담석에 앉으며 입버릇처럼 외쳤다.

"나의 사랑하는 고객들을 만나볼까?"

주변의 다른 동료들은 드디어 네가 미쳤다며 장난으로 놀리기도 했다. 하지만 그러다 보니 모든 것이 술술 풀리기 시작했다. 상담을 시작한지 1년여가 지났을 무렵 회사에서 주관하는 고객중심경영상의 고객 서비스부분 최우수상을 수상하게 되었고 빠르게 상담 실장으로 진급할 수 있게 되었다.

예상치 못한 감정이 나를 힘들게 할 때는 잠시 멈춘 상태에서 나의 내면과 천천히 대화를 해야만 한다. 바로 자기직면의 시간을 가져야 하는 것이다.

방법은 쉽다. 내가 왜 이러한 감정을 느끼게 되었는지 감정에 주의를 기울이고 스스로에게 이유를 묻기만 하면 되는 것이다.

내 감정의 특징 제대로 알기

변증법적 행동치료에서는 "감정은 감정 자신을 사랑한다."고 말하곤 한다. 즉, 어떤 사건으로부터 감정이 생산되면 그때의 초기 감정을 계속적으로 유지하려는 경향이 있다는 말이다. 만약 모멸감으로부터 확대된 수치심을 계속 유지한다면 자신의 자아는 부러지고,

찢기고, 깊게 패여 제 기능을 하지 못하게 될 것이다.

이러한 상황에서 내가 느끼는 감정이 나에게 어떤 영향을 미치게 되는지를 아는 것만으로도 우리는 새로운 자각을 하고 행동에 변화를 줄 수도 있다. 특정한 사건을 경험할 경우 그 사건으로부터 발생한 감정과 연결된 나의 말과 행동들, 그리고 그것이 나의 감정에 어떤 영향을 주었는지, 마지막으로 나의 행동이 나의 마음을 편안하게 하는데 어느 정도 도움이 되었는지를 체크하는 것이다.

사건	감정	나의 행동(말)	내 행동이 미친 영향	도움정도 (0~10)
사장이 월대차대조표를 보며 왜 금액이 마이너스냐며 일 처리에 대해 트집을 잡는다.	불쾌함	마음속으로는 욕을 하지만, 겉으로는 그냥 듣고만 있다.	모멸감 수치심	0
외근 길에 차가 막혔다.	걱정	심호흡을 하고, 편안한 음악을 들음. 거래처에 상황을 전함.	편안함	90
월:				
화:				
수:				
목:				
금:				
토:				
일:				

이렇게 한 일주일 정도를 하고 나면 감정 조절을 위해 무엇인가 행동을 하는 것이 얼마나 중요한 지를 느낄 수 있다.

사실 수정 씨의 상한 감정이 회복될 수 있는 가장 좋은 방법은 사장으로부터 정중한 사과를 받는 것이다. 하지만 이것은 현실적으로 실현 가능성이 매우 낮다. 또한 사장 입장에서는 그저 자신의 생각을 표현한 것뿐이기 때문에 딱히 본인이 잘못한 점이 있다는 생각조차 하지 못할 가능성이 높다. 이것은 한편으로 사회 전반적으로 깔린 신분 의식의 뿌리 때문일 것이다. 그렇다고 아무 말도 못하고 그저 듣고만 있자니 수정 씨의 마음이 더욱 비참해질 것 같다. 바로 이때 필요한 것이 건강한 분노이다.

철학자 아리스토텔레스는 "누구든지 화를 내기는 쉽다. 그러나 올바른 대상에게 올바른 정도로, 올바른 시간에 올바른 목적으로, 그리고 올바른 방식으로 화를 내는 것은 쉬운 일이 아니다."라고 했다. 이렇게 올바른 방식으로 분노해 보는 것이다.

분노해야 할 때 분노치 않는다면 상대방은 자신의 행동의 잘못됨을 결코 인식하거나 바꾸려 하지 않는다. 분노가 꼭 화를 내고 언성을 높이는 것만을 의미하지는 않는다. 그저 잘못된 부분을 바로 잡고 싶은 마음 또한 분노인 것이다.

앞의 상황에서 혹시 수정 씨가 "그러게요. 사장님께서 골프 실력이 너무 늘어서 그래요."라고 반응했다면 사장의 마음은 어땠을까? 아마 수정 씨가 느꼈던 수치심을 똑같이 느끼지 않았을까?

가끔은 건강한 분노를 표출할 수 있는 대범함과 용기가 강하게 필요할 때도 있다. 특히 무너진 내 자아를 지키기 위해서라면 더욱 절실하다.

실천 난이도(강) 건강하게 분노하기

상대방의 행동이나 말의 잘못된 부분을 공론화하는 것이다. 혹시 이것이 나뿐만 아니라 직원들 모두가 느끼는 공통된 감정이라면 그들과 함께 하는 것이 좋다. 또한 명심해야할 것은 이 과정에서 그의 말투나 행동이 타인을 업신여기고 무시하는 경향이 있다는 점만을 전달해야 한다는 것이다. 그 외에 업무에는 불만도, 문제도 없다는 것을 알려야 한다.
'당신과 우린 일에 있어서는 동맹관계가 맞습니다. 다만, 당신이 조금만 더 존중의 마음을 표현해 준다면 우린 지금보다 더 큰 업무 몰입으로 보답할 거예요.' 라는 뉘앙스를 그야말로 곳곳에서 표출하는 것이다. 물론 대범한 용기는 필요하다.

실천 난이도(중) 내 감정의 주인은 나

일상에서 경험하는 사건으로부터 발생한 감정은 무엇인지, 그리고 그때 내가 했던 말과 행동을 적어본다. 이어서 그것이 나의 감정에 어떤 영향을 주었는지, 마지막으로 나의 행동이 나의 마음을 편안하게 하는데 어느 정도 도움이 되었는지를 표에서처럼 체크해 보는 것이다. 이것은 극도로 가라앉는 감정을 회복하기 위한 감정인식 훈련이다. 이 훈련이 잘 진행된다면 잠시 멈추고 나의 내면과의 대화를 시도한다. 타인의 행동이 내게 모멸감과 수치심을 자극한 것인지, 내 스스로 정해놓은 자아이상에 미치지 못하는 현실에 대한 자기처벌인 건지 말이다. 만약 후자라면 타인과 상관없이 나의 자아이상을 실현하기 위한 행동 지침을 만들어 보면 좋을 것이다.

실천 난이도(약) self-care하라

'나는 내가 정말 좋다!'와 같이 자아 존중감을 높일 수 있는 긍정어를 외쳐 보거나 상처받은 자신의 마음을 포근하게 안고 위로해 주자. 위로와 공감은 꼭 타인을 통해서만 받는 것이 아니고 본인 스스로도 충분히 self-care가 가능하다.

no. 4

'부끄러움'으로 감정노동 중인 당신에게

숨을 곳이 필요한 나

:: 사례

김영호 씨는 요즘 아침 해가 뜨는 것이 싫다. 회사에 가는 것이 너무 싫기 때문이다. 영호 씨는 지금 하는 일이 자신의 적성에도 맞고 보람도 있다. 또 현재 다니고 있는 회사에 들어가기 위해 청춘을 바쳐 노력했기에 애사심 또한 남다르다. 그런데 이런 영호 씨가 최근 새로 부임해 온 C부장 때문에 사무실에 앉아 있는 것이 불편해지기 시작했다. 며칠 전 부서 직원 전체가 모여 회식을 했다. 분위기가 화기

애매해질 무렵 느닷없이 C부장은 폭탄 발언을 했다. 갑자기 영호 씨를 바라보더니 "김 대리, 요즘 야근이 많았는데 고생했다. 자네 치질도 있다면서 힘들었겠네." 영호 씨는 순간 자신의 귀를 의심했다. 갑자기 여직원들이 모두 자신을 쳐다보는 것만 같았다. "아~네, 부장님 고맙습니다." 라고 대답은 했지만 어디론가 숨고 싶다는 생각이 들었다. 얼굴이 빨갛게 달아올랐다. 그래도 사실 이런 것은 잠깐 참으면 지나가는 감정이기에 어느 정도 극복할 수 있었다.

영호 씨가 정말 참지 못하는 것은 따로 있었다. 일을 하다보면 실수를 할 때가 있다. 그때는 물론 상사에게 질책을 받는 것이 당연하다고 생각한다. 하지만 C부장이 하는 질책은 인신공격인 것 같아 듣고 있기 힘들 뿐만 아니라 자신감마저 사라져 위축되는 기분이다. 얼마 전에는 전체 직원이 다 보는 앞에서 큰소리로 "김 대리야, 너 지금 이 일 맡은 지 몇 년 됐냐? 아직도 일처리를 이 따위로 하면 어쩌자는 거야? 회사 놀러 왔냐?"며 결재 서류를 던지는데 자신도 모르게 주먹을 쥐었다. 영호 씨는 그날 하루 종일 죄인이 된 것처럼 다른 직원들과 눈을 마주치는 것조차 어려웠다. 다른 직원들이 자신을 실수만 저지르는 능력 없는 사람으로 취급해 버릴 것만 같아 걱정이 되었고, 그 뒤로는 맡은 일을 할 때마다 스스로 제대로 하고 있는 것인지 의심하며 자꾸만 C부장의 눈치를 보기 시작했다.

우리의 감정은 몸과 마음에 깊이 연결되어있다. 일반적으로 사람들이 부끄러운 감정을 느끼게 될 경우 몸이 마비되는 듯한 느낌을 받는다고 한다. 영호 씨처럼 도망치거나 달아나고 싶은 충동부터, 심할 경우 자해하거나 자살하고 싶은 충동까지 느낄 수도 있다는 것이다. 이것은 자신이 느낀 부끄러운 감정을 나의 어떤 생각과 연결시켰느냐에 따라서 다른 행동의 결과를 유발한다고 할 수 있다. 지금 영호 씨는 자신을 무능한 사람이라고 생각하고 있다. 그 생각이 문제로부터 멀리 도망치고 싶은 마음을 부추기는 것이다.

마음에 미모사를 키울 것

'유추프라카치아'라는 식물에 대해 들어 본 적이 있는가? 이것은 실존에 대한 근거가 없는 허구의 식물이라고 한다. 어찌되었든 사람들은 유추프라카치아를 결벽증이 강한 식물이라고 말한다. 조금만 건드리거나 바람만 스쳐도 잎이 시들어 죽어버리는 식물이라는 것이다. 하지만 한 식물학자의 오랜 연구 결과 유추프라카치아는 처음 한 번이라도 만진 적이 있는 사람이 지속적으로 만지고 끊임없이 애정을 쏟으면 튼튼하게 잘 자란다고 전해지고 있다. 정말 이런 식물이 있는 것일까? 글쎄, 실존 여부는 식물학자들이 밝혀줄 것이다.

나는 유추프라카치아에 대해 처음 이야기를 들었을 때 어쩐지 그 살고 죽는 성질이 인간의 자아와 참 닮았다는 생각을 떨쳐낼 수가 없었다. 스스로 애정을 주지 못하거나 타인으로부터 지속적인 애정을 받지 못하면 시들어 버리는 우리들의 마음과 똑 닮지 않았는가?

그런데 많은 사람들이 허구의 식물 유추프라카치아를 실제 존재하는 미모사(Mimosa pudica)라는 식물로 착각하기도 한다. 나는 어

린 시절 미모사를 산이나 들에서 자주 봤었다. 미모사는 잠자는 풀이라 하여 잠풀로도 알려져 있다. 낮에는 잎이 펴져 있다가 밤이 되면 잎이 접히는 특징을 가지고 있다. 그런데 낮이어도 누군가 잎을 건드리면 곧바로 잎을 접어 자신을 보호하기로 유명한 식물이 미모사다. 건드리면 시들어져 죽는 유추프라카치아와는 다르다. 여러분은 실존하지 않는 유추프라카치아보다 실존하는 미모사를 동경하길 바란다. 시들어 죽을 것이 아니라 자신을 보호할 수 있는 방어력을 가지길 말이다.

앞선 사례 속 영호 씨에게 C부장의 행동들은 예상치 못한 공격이었을 것이다. 강도가 강하건 약하건 상대의 공격은 아픈 법이다. 전에 손등을 종이에 살짝 베인 적이 있다. 상처가 깊지 않아서 그냥 놓아두었더니 스치기만 해도 쓰라리고 아려오는 것이 꽤 아팠다. 하지만 연고를 바르고 밴드를 붙여주니 아무런 지장 없이 움직일 수 있었다. 이처럼 방어가 필요할 때는 방어해야 한다. 사실 인정과 칭찬은 공개적으로 하되 비판과 조언은 개인적으로 해야 한다는 것은 부장의 직위를 가진 사람이라면 누구나 알고 있는 상식이기 때문이다.

앞으로 내 마음 속에 작은 상처로 시들어버리는 유추프라카치아 대신 미모사를 키워 보는 것은 어떨까?

감정의 연결고리를 찾고 변화시키기

나는 아이를 임신하면서 태교나 육아에 도움이 될까싶어 한 인터넷 카페에 가입한 적이 있다. 몇 해 전 그 곳에 한 병원을 보이콧하자는 내용의 게시글이 올라와서 관심 있게 읽어 봤던 기억이 난다. 글의 작성자는 결혼 후에도 오랜 기간 아이가 생기질 않아 난임 전문 병원을 찾았고 한 시술을 권유받았다고 했다. 그런데 추천 받은 2차 병원에서 검사를 하는 과정에서 여의사의 강압적인 태도에 강한 수치심을 느꼈다는 것이다. 작성자는 그 상황을 떠올리며 그때의 감정은 죽을 맛이었으며 치욕스럽기까지 했다고 표현했다. 우리가 느끼는 부끄러운 감정은 이렇듯 망신, 수치, 모욕감을 내포하고 있다. 외부로부터 느낀 이 감정들은 내부로 받아들이는 과정에서 자신을 파괴하는 형태를 지니고 있다.

그런데 우리가 하나 기억해야 하는 점이 있다. 우리가 느끼는 감정은 어떤 감정이든 자신의 가치관, 즉 내면 잣대의 판단에 의해 발생하게 되어 있는데, 부끄러운 감정이 지닌 내면의 잣대가 자칫 열등감이라는 자신의 콤플렉스와 연결되면서 좋지 않은 결과를 유발시킬 수도 있다는 점이다. 인터넷 카페에 글을 올린 여성은 자신이 임신이 잘 안 되는 부분에 있어 상당 기간 불안한 자아로 '임신, 아이, 불임'이라는 생각에 자유롭지 못하고 위축되어 있었을 것이다. 해당 글에 달린 댓글을 보면 자신도 같은 병원에서 검사를 받았는데 그런 점을 느끼지 못했고 또 '그 원장님이 왜 그러셨을까?' 라는 글도 찾아 볼 수 있었다. 물론 환자 개개인이 경험했던 검사 과정의 상황은 모두 달랐을 것이다. 그럼에도 불구하고 게시글을 작성한 여성의 위축된 자아가 그 상황의 감정을 증폭시키는데 상당 부분 영향을 주었을 거라고 추측하는 이유는 감정은 본능이 아닌 기억의 부산물이기 때문이다. 어떤 기억의 정보와 연결시키느냐에 따라 감정의 종류는 바뀔 수도 있다는 것이다.

우리가 부정적인 감정에 휘둘리지 않고 상대로부터 나를 보호하기 위해서는 무엇보다 내 기억 정보를 정확히 살펴볼 필요가 있다. 나를 불편하게 하는 상대방의 태도를 바꾸게 할 수 없다면 내 감정의 연결 고리를 변화시키는 것에 초점을 맞춰야 하는 것이다. 그러니 영호 씨 또한 C부장의 행동들에 자신의 어떤 기억 정보가 연결되어 있는지를 분석할 수 있어야 한다. 느끼는 감정, 그리고 그것들의 연관성에 대해 스스로 파악하고 긍정적 인식을 향상시킬 수 있는 감정조절 훈련이 뒤따라 준다면 부끄러움은 부족함을 채우기 위한 긍정적 측면으로 작용될 것이다. 도망치고 싶은 감정에 빠져있기보다는 빠져 나오기 위해 자신의 감정의 늪을 보다 객관적인 잣대를 가지고 분석할 필요가 있다.

: 감정을 유발시키는 기억의 정보 연결하기

상황	상황에 대한 생각(기억)	감정
상사가 "네가 그러고도 팀장이야! 유학을 다녀왔어? 실력도 유학 중인가 보지?" 라며 부하 직원들이 다 보는 앞에서 큰소리로 호통을 쳤다.	사람들이 나를 비하했던 때에 대한 생각, 과거 실수에 대한 생각, 나를 깔보던 친구들에 대한 생각	• 망신 • 모욕
지나가던 선배가 작성 중인 보고서 파일을 보더니 "그렇게 해서는 본부장님 사인 받기 어려울 텐데..." 라며 혀를 차고 갔다.	다른 사람들이 나를 거부할 것이라는 생각, 나는 능력이 없고 경쟁력이 없다는 생각, 일을 제대로 못해 승진하지 못 할 것이라는 생각	• 불안 • 두려움
고객이 자신이 요구한 일처리가 늦어지자 "이런 간단한 일도 이렇게 시간이 걸리나? 시스템이 이렇게 뒤처지나 맨날 2위겠지만..."이라고 말한다.	나의 어리석음 탓이라는 생각, 나로 인해 다른 사람들이 피해를 본다는 생각, 다른 사람들이 나의 일을 가치 있다고 여기지 않고 무시한다는 생각	• 수치심 • 죄의식

이런 식으로 감정을 유발시키는 각 상황과 그것에 대한 내 생각을 정리하다보면 나의 주된 생각 패턴을 찾을 수 있을 것이다. 부정적 생각 또는 패배의식에 젖어 있거나 반대로 지나치게 낙관적인 것과 같은 나의 특정한 감정의 패턴을 찾아낼 수 있기를 바란다. 그리고 혹시라도 바꾸고 싶은 생각 패턴이 있을 경우 그 속에 숨어있는 긍정성을 발견하는 훈련을 반복해야 한다.

타인의 시선이라는 감옥에서 벗어날 것

C부장이 전체 직원이 다 보는 앞에서 큰소리로 말하지 않았다면 영호 씨는 괜찮았을까? 반대로 큰소리와는 상관없이 실수한 부분 자체만으로도 부끄러운 기분이 들었을까?

사례를 자세히 보면 영호 씨는 업무에 있어서는 상사의 질책에 크게 저항이 없는 사람이다. 그렇다면 그가 부끄러웠던 이유는 바로 '큰소리' 때문이다. 다른 직장 동료들에게 비춰질 자신의 이미지를 걱정한 것에서 시작된 부끄러운 감정인 것이다.

아무리 신경 쓰지 않는다 해도 인생을 살아가면서 나를 지켜보는 타인의 시선을 무시할 수만은 없는 것이 사실이다. 그런데 혹시 아는가? 타인들은 내가 고민하는 것만큼 나에게 관심이 없다는 사실 말이다.

한 다큐 프로그램에서 타인의 시선에 관해서 다룬 것을 본 적이 있다. 20대 남녀 여러 명이 실험을 위해 한 자리에 모였고 제작진은 그들에게 도시락을 제공했다. 그 중 1명의 실험녀는 누구나 잘 알고 있는 유명한 과학자가 다소 우스꽝스러운 모습으로 그려져 있는 티셔츠를 입고 온갖 튀는 행동을 했다. 실험이 끝난 후 참가자들에게 그녀가 입었던 티셔츠를 기억하는지 물었지만 14명 중 2명만이 기억할 뿐 나머지 사람들은 그다지 관심이 없었던 것으로 나타났다.

물론 한 공간에서 계속 함께 일을 하는 직장에서의 이미지는 이런 일회성 실험과는 다소 차이가 있다는 점은 인정한다. 하지만 요지는 같을 것이다. 영호 씨가 신경 쓰며 도망치고 싶다고 생각하는 것에 비해 동료들은 영호 씨에 대한 그 어떤 최악의 평가도 내리지 않았을지 모른다. 신체의 질병은 누구나 생길 수 있는 것이며 업무의 실수도 언제 어디서 누가 경험하게 될지 모르기 때문이다.

자신에게 조금만 관대해질 수는 없는 것일까? 타인이 두려워 나를 포기해야 할까?

그렇다면 타인의 시선으로부터 자유로워지기 위해 나는 무엇을 하면 좋을까? 아래와 같이 스스로에게 자주 질문하고 답해보길 권한다.

1. 가장 최근에 타인의 시선을 의식했던 경험이 있나요? 언제였습니까?
2. 타인은 현재 당신을 어떻게 바라보고 있나요? 왜 그런 생각을 하게 되었습니까?
3. 타인의 시선이 나의 성장에 도움이 되나요?
4. 나는 나를 현재 어떻게 바라보고 있습니까?

그런데 타인의 시선은 정말 타인의 시선일까? 혹시 그것조차 내가 나를 그렇게 바라보기 때문에 만들어진 것이라는 생각은 하지 않는가?

내 마음의 꽃이 미모사라면 좋을 것이다. 하지만 유추프라카치아라면 이제부터 애정을 멈추지 않으면 된다. 타인의 손길을 기다리지 말자. 어차피 유추프라카치아는 실존하지 않는 허구의 꽃이 아닌가. 그러니 애정을 주는 대상 또한 바뀌어도 문제되지 않을 것이다. 스스로가 결핍을 채울 수 있도록 마음 안아주기를 멈추지 말았으면 한다.

실천 난이도(강) 타인의 시선에 자유로워지기

저 사람이 나를 어떻게 볼까? 혹시 내가 능력 없는 사람으로 보이지는 않을까? 이런 말을 하면 괜찮을까? 다른 사람들은 나를 좋아할까?
이런 생각들을 모두 몇 번쯤은 해 보았을 것이다. 솔직히 타인의 시선에 자유로운 사람은 그다지 많지 않다. 우리는 여러 부분에서 타인의 시선 안에 갇혀 지내는지도 모르겠다. 하지만 분명한 것은 그럴 경우 진정한 행복을 느끼기란 어렵다는 것이다. 타인의 시선이라는 것은 내 관점으로 타인을 해석하는 것이기에 결국은 내가 나를 바라보는 시선일지도 모르겠다. 그렇기에 이제부터라도 객관적으로 타인의 시선의 진정한 의미를 내게 물으며 찾아보고 그것에서 자유로워지는 연습을 하길 바란다.

Q1. 타인의 시선이 도움이 된 경우 VS 도움이 되지 않았던 경우
Q2. 타인의 시선으로 내가 기대하는 것
Q3. 나에게 부족한 것 VS 충분한 것

실천 난이도(중) 내 감정의 주인은 나

우리가 느끼는 감정은 엄연히 따지면 본능이 아니어서 기억 정보를 사용하여 판단한 결과로 반응한다. 이 기억 정보를 적절하게 바꿔줄 수 있다면 감정의 질을 부정에서 긍정으로 바꿀 수 있게 된다. 내가 겪은 상황과 그 상황에 대한 생각, 그리고 이어지는 감정을 잘 정리해 두고 내 감정의 연결 고리를 변화시켜 보자.

상황	상황에 대한 생각(기억)	감정

실천 난이도(약) 좋은 글 선물하기

나를 부끄럽게 했던 상대방에게 당차게 말해주는 것이다. 만약 그 상대가 직장 상사여서 직접적인 표현이 어렵다면 센스 있는 선물을 준비하는 것도 좋을 것이다. "제가 읽어 봤는데요. 참 도움 되는 글이 많았습니다." 라고 말하며 전하고 싶은 말이 써 있는 신문 기사나 책 등을 건네보는 것이다.

'수치심'의 감정노동으로 쌓인 피로 회복법

수치심은 다른 사람으로부터 존중받지 못한다는 고통스러운 정서를 반영하는 감정이다. 그리고 인간이 어린 시절부터 노인이 되기까지 가장 공통되게 충족하고픈 욕구가 바로 존중이다. 누구든 자신의 존재를 어떤 이유로든 확인시키고 확인받고 싶은 것이 인간의 본능인 것이다. 모든 감정노동이 부정적으로 해석될 수밖에 없는 이유는 바로 이러한 기본적인 존엄의 가치를 무시당하고 있다는 느낌을 강하게 받기 때문일 것이다.

상대방의 행동 자체가 나로 하여금 수치심과 모멸감, 부끄러운 감정을 느끼게 했는데 내가 그것에 대해 정당하게 반박하지 못하고 수긍했다고 치자. 그런 선택을 한 후 혼자서 자신의 행동에 대해 비난하며 바보 같다는 생각과 함께 "그 사람이 나를 그렇게밖에 대우하지 않은 것에는 다 이유가 있었던 거야. 바로 내가 못나서 그런 거지." 라고 느끼기 쉽다. 이때 스스로에게 가하는 자기처벌은 굉장히 높은 수준일 것이며 바로 자기 자신을 해치는 원인이다. 이것은 다른 감정들을 통해 2차적으로 발생되었던 수치심보다 더 강하게 자아를 흔든다. 쉽게 예를 들자면 두려움이나 불안, 분노의 감정이 발생한 경우 본인이 그 감정을 억제하고 마음과는 다른 행동을 했다고 치자. 대부분의 사람들은 마음과 반대되는 행동을 한 경우엔 자신의 행동 자체에만 약간의 후회스러운 감정을 대입하지 자기처벌적 감정으로 수치심을 발동시키지는 않는다. 그러나 상대방의 태도 자체가 수치심을 느끼게 하는 것이었다면 스스로 자기처벌을 하면서 느끼는 수치심까지 2배로 큰 수치심과 모멸감을 느끼게 되는 것이다.

그만큼 수치심은 감정노동을 통해 발생되는 모든 감정들 중 가장 고통스러운 것이며 또 가장 빠르게 조절해야 하는 감정이다.

"네가 하는 일이 다 그렇지 뭐."

"뭐 신입 때나 지금이나 변한 게 없네?"

"도대체 학교에서 뭘 배운 거야?"

"너는 그게 문제야."

"계약직은 회의실 들어오지 못하게 해."

"이거 하고 싶다고 아무나 할 수 있는 일이 아닌데."

"그 학력으로 이 회사를 어떻게 들어 온 거야?"

"낙하산 아냐?"

"같이 자고 싶다."

"딸 같아서 하는 말이야."

"여직원들은 다 치마만 입고 다녔으면 좋겠어."

위와 같이 신체나 정서적으로 가해지는 상처의 말과 행동은 마음에 깊은 상실과 결핍의 트라우마를 만들어 내기도 한다. 분노의 감정은 어느 정도 참는 것이 상황에 따라 오히려 좋은 방법이 될 수 있다. 하지만 자신을 가치 없는 사람이라고 생각해 버리기 쉬운 수치심의 감정은 짧은 순간에 자아존중감을 무너뜨릴 만큼 강력한 것이기 때문에 가급적 상대방이 상처받지 않는 방법으로 반드시 자신의 감정 상태와 원하는 바를 표현해 보아야 한다. 그렇지 않을 경우 상대방은 내가 수용했다고 판단해 같은 말과 행동을 멈추지 않을 것이다.

이것과 더불어 해 봐야 하는 것은 상대로부터 자신이 원치 않는 말과 행동을 듣거나 보았을 때 혹시 스스로 자기처벌적인 생각이나 말 또는 행동을 하는지 살피는 것이다.

"나는 쓸모없는 인간이다."

"나는 누구에게도 아무런 도움이 되지 못한다."

"내가 할 수 있는 일은 아무것도 없다."

"내가 하는 일은 하찮은 일이다."

"이 모든 것이 나 때문이다."

- 신체 자해

그러한 말과 행동들을 위와 같이 모두 적어본 후 그것들이 내가 겪고 있는 문제를 해결하는데 얼마나 도움이 되고 있는지 점수를 줘 보자. 또 그것이 누구나 타당하다고 느낄만한 합리적인 생각과 행동인지도 구분하도록 하자. 물론 상대방으로부터 원치 않는 말을 듣거나 행동을 당하지 않는다면 가장 좋을 것이다. 하지만 인생은 내가 예측하지 못했던 일들의 연속이고 우린 그 현실에서 마음 편히 내 멋대로 빠져나올 수 없다. 안 그래도 이렇게 고통스럽고 힘든 나에게 스스로 멍에를 씌우는 일만은 멈춰야 하지 않을까?

너무도 유명한 생텍쥐페리의 작품 <어린 왕자>에는 왕자가 술꾼이 살고 있는 별에 방문해 그와 잠깐 대화를 나누는 구절이 있다. 책에서는 아주 잠깐 동안의 방문이었지만 어린 왕자를 무척 울적하게 만들었다고 표현하고 있다. 술꾼과 어린 왕자의 대화는 간결했다.

빈 병과 술이 가득 차 있는 병들을 가득 쌓아놓고 앉아 있는 술꾼에게 어린 왕자는 무엇을 하고 있는지를 묻는다. 술꾼은 침울한 표정으로 술을 마시고 있다고 대답한다. 다시 어린 왕자는 왜 술을 마시는지를 묻고, 술꾼은 다 잊기 위해 술을 마신다고 대답한다. 그런 술꾼이 가여워진 어린왕자가 무엇을 잊고 싶은지를 묻자 그는 자신이 부끄럽다는 것을 잊고 싶다고 말한다. 어린 왕자는 점점 더 술꾼이 안쓰럽게 느껴졌는지 위로해주고 싶다는 생각까지 하게 된다. 그래서 그를 위로해주기 위해 부끄러운 것이 무엇인지 자신에게 말해 보라한다. 그때 술꾼에게선 의외의 대답이 나온다.

"술을 마시는 게 부끄럽단다."

이렇게 말하고 침묵하고 있는 술꾼을 어린왕자는 이해할 수 없어 하며 말없이 술꾼이 살던 별을 떠나온다. 순수한 어린왕자의 눈에는 답답했을 것이다. 그토록 부끄러운 행동이라면 하지 않으면 될 것인데 스스로 멈추지 못하고 계속 고통스러워하며 지속하는 이유를 알 수도, 이해할 수도 없었기 때문이다.

우리는 가끔 문제를 해결할 수 있는 방법이 있는데도 불구하고 그것을 행동하지 못하고 다시 과거로 돌아가 자신을 학대하기를 멈추지 못하기도 한다. 그래서 때로는 우리의 생각이 좀 더 간결해질 필요가 있다고 느낀다.

'수치심'을 극복하는 TIP

1. 매일 잠자리에 들기 전 오늘 하루 감사했던 일 3가지씩 적어보기
2. '나는 내가 정말 좋아'와 같은 긍정어 외치기
3. 가끔 나를 위한 선물로 스스로에게 보상하기
4. 자신 있게 할 수 있는 것을 활용한 '취미 생활' 시작하기
5. 나에게 맞는 따뜻한 모임에 참여하기

2장

분노

/ 왜 저 사람은 자꾸
화를 내고, 내게 만들까?

소모한 나의 노동력_ **분노**

원인 | 욕구 불만. 피해자인 것만 같은 불쾌한 마음.

속마음 | "어떻게 나오는지 두고 볼 거야."

"도대체 나를 뭘로 보는 거야?"

"감히 나한테 어떻게 그럴 수 있어?"

"모든 것이 너 때문이야!"

회귀

詩 김선규

빈 그릇으로 찾아온 당신!

당신이란 그릇에
무엇을 담으셨습니까!

당신이란 그릇은
무엇으로 채우셨습니까!

당신이란 그릇에
무엇이 담겨져 있습니까!

당신이란 그릇은
무엇이 채워져 있습니까!

무엇을 담았는지
무엇을 채웠는지
그저 꾹꾹 눌러 채우고, 담고

돌이킬 수 없는
질곡의 세월
덧없이 흘려보내고

이제
그릇을 비우지 못해
떠나지도 못하는 당신!

툭툭 털고
빈 그릇 찾아
가십시오!

no. 1

'시기심'으로 감정노동 중인 당신에게

당신이 배가 아픈 이유

:: 사례

큰 회사는 아니었지만 직원 간에 서로 위해주며 가족적인 분위기로 큰 탈 없이 즐거운 일상이었다. 바로 '너'가 들어오기 전까지는 말이다. 한 통신사 직영매장에 근무 중인 미영 씨는 초기 오픈 멤버로서 가장 숙련된 베테랑이었고 매사 최선을 다하는 태도 덕분에 동료들에게도 인정을 받고 있었다. 그러던 어느 날 새롭게 직원 3명을 충원하게 되었고 그중 소위 사회생활의 달인처럼 '여우 짓'을 일삼는 여직원이 자꾸 눈에 거슬리기 시작했다. 솔직히 미영 씨는 평소 주변 사람들로부터 '무뚝뚝하다.', '애교가 없다.' 라는 소리를 자주 듣곤 한다. 그런 자신과는 달리 사교성이 뛰어난 그녀가 얄밉기만 했다. '그래도 다들 나를 더 인정하니 괜찮아.'로 마음에 위안을 삼고 있었는데 어느새 사장님도 무슨 일이 있으면 그 여직원을 먼저 찾기 시작했다. 일을 하는 중간이나 점심시간이면 그녀 주변에서 소리 내어 웃고 이야기하는 직원들의 모습이 이제는 짜증나고 보기 싫기만 하다. 이런 미영 씨의 싫은 내색을 그 여직원도 의식했는지 급기야 평소 미영 씨를 가장 따르던 회사 막내를 살뜰히 챙기더니 퇴근 후에도 따로 만나며 친분을 쌓았고, 미영 씨에 대한 험담까지 했다는 이야기를 듣게 되었다. 얼마 되지 않아 그 여직원은 미영 씨보다 빠르게 진급을 했다. 일부러 미영 씨 보란 듯이 더 크게 웃고 어느새 다른 직원들을 자기편으로 만들어 버린 그녀가 너무 얄밉지만 그렇다고 미영 씨가 할 수 있는 일은 아무 것도 없다. 다른 사람에게 속 좁은 사람으로 비춰질까봐 하루하루 아무렇지 않은 듯 견디며 보내려니 자꾸 마음에 화병이 생기는 것만 같아 불편하다.

'사촌이 땅을 사면 배가 아프다.'는 말처럼 내가 원하지만 갖지 못한 것을 다른 사람이 가지고 있을 때 느끼는 부러움과 시샘의 감정을 가리켜 시기심이라고 한다. 좀 더 구체적으로 표현한다면 시기심을 일으킨 1차 감정은 '질투'일 것이다. 질투는 긍정적 의미의 '시샘형 질투'와 부정적 의미의 '시기형 질투'가 있다. 시샘형 질투는 목표대상이나 라이벌에 대한 경쟁심으로 자신을 동기부여시켜 '저 사람처럼 되고 싶어.', '그에게 지고 싶지 않아.' 라는 식으로 작용한다. 반면 시기형 질투는 자신의 부족한 실력은 인정하지 않고 상대를 헐뜯고 비난하는 것을 의미한다.

공개 교육에 참여했던 교육생 중 한 분이 요즘 자신의 마음이 계속 불편하다며 그 이유가 아무래도 동생이 최근 부동산 업계에서 핫한 지역에 비교적 넓은 평수의 아파트를 분양 받은 것 때문이라고 했다. 물론 동생에게는 축하한다고 말해주었지만 실제 속마음은 '니가 거기에 집을 샀다고?' 라는 생각이 가득했다는 것이다. 그동안 동생네 살림은 부족하지도, 넘치지도 않는 보통이었고 오히려 자신의 형편이 동생네 보다는 훨씬 좋았다. 그런데 생각지도 못한 동생의 소식은 그 분의 잔잔했던 마음에 돌이 던져진 사건이 된 것이다.

부러움이 낳은 상실감

미영 씨는 동료들이 자신에게서 점점 멀어지는 것 같아 불안하고 어느새 자신의 역할을 그 여직원이 모두 빼앗은 것만 같아 화가 났을 것이다. 하지만 이런 속마음을 다른 직원들에겐 차마 말하지 못하는 것에서 오는 또 다른 스트레스에도 시달렸을 것이다.

사람은 누구나 다양한 욕구를 가지고 살아간다. 그리고 그 욕구가 충족되지 않는 순간 불만족스러움을 느끼며 스트레스를 받게 된다. 물론 사람마다 갈망하는 욕구의 정도는 다르지만 많은 사람들이 직장 내 인간관계 속에서의 인정과 사회적 지지에 대한 욕구는 동일하게 높을 것이다. 어찌 보면 미영 씨는 그동안 직장 안에서 이런 자신의 욕구가 충족되고 있었는데 어느 날 갑자기 새로운 사람이 들어오며 그 욕구 충족에 문제가 생겼다고 느끼고 있는지 모른다. 사람들은 보통 이런 경우 자신이 불만족하게 된 원인을 찾게 된다. 그리고 그 중 많은 사람들은 겉으로 쉽게 드러나는 원인인 새롭게 나의 일상 속으로 편입되어 들어 온 '너'를 찾아낼 것이다. '너'는 가지고 있지만 나에게선 찾아볼 수 없는 것들에 대한 부러움을 느낄 것이고 이러한 비교는 나에게 상대적 결핍과 상실감을 가져다줄 것이다.

또한 여직원이 직장에서 자신의 위치를 확고히 하기 위해 사장을 비롯해 상사에게 했던 아부성 행동이라든지 다른 직원들과 미영 씨 사이를 이간질시키는 언행에 대해서는 상대방의 의도가 공식적으로 확인될 수 없는 맥락이기 때문에 더욱 억울하고 분한 감정이 커졌을 것이다. 그리고 여직원이 자신보다 먼저 진급하게 되는 현실을 보며 부당하게 성공에 이르렀다고 생각하고 그 여직원에 대한 편견은 더욱 확고해져 갔을 것이다. 그야말로 미영 씨는 수면 위에 떠있는 백조처럼 겉으로는 평온한 듯하지만 수면 아래쪽에 자리 잡은 속마음은 점점 까맣게 썩어 갔을 것이다.

대부분의 부정적인 감정은 타인과 소통하는 과정을 통해 위로와 공감을 받으며 빠르게 안정을 찾게 되지만 미영 씨의 경우는 이런 감정을 동료들에게 감추느라 상당히 오랜 기간 감정노동을 유지해야 했을 거라고 생각하니 측은하기도 하다.

정말 '너' 때문일까?

나는 대학을 졸업한 후 항공사 입사 시험에 응시한 적이 있었고 서류와 면접을 통과한 후 최종 면접의 단계까지 간 경험이 두 번 있다. 그 당시 최종면접에는 면접생이 2명씩 들어가 면접을 봤고 큰 이변이 없는 한 그 두 사람 중 한 명이 합격하곤 했다. 물론 나는 2번의 최종 면접에서 모두 탈락의 고배를 마셔야만 했다. 난 그 후로 지인들과 함께 그때를 회상할 때면 입버릇처럼 말하곤 했다.

"나랑 같이 면접을 본 애들이 배경이 너무 좋았어."

그 당시 함께 면접을 본 한 명은 아버지가 고위직 공무원이어서, 또 한 명은 수년간 영국에서 살았던 것이 평범한 나보다는 큰 관심을 받을 수밖에 없었다는 것을 지인들에게 어필했던 것이다. 결국 난 그들에 비해 배경이 좋지 못해서 떨어졌다는 논리밖에 안 된다. 정말 이유가 그것뿐이었을까? 아닐 것이다. 그때로 돌아가 객관적으로 점검해 보면 내 영어 점수가 그다지 좋지 못했기 때문에 아마도 최종 합격자를 뽑는데 있어 그 부분이 크게 작용했을 것이라고 추측한다. 하지만 나는 부족한 어학점수가 불합격의 큰 이유였다는 점을 드러내며 나의 콤플렉스를 굳이 들춰내고 싶지 않았던 것 같다.

사람들은 시기를 느끼면 상대방의 성공에 흠집을 내려는 마음이 발동하곤 한다. 내가 가지지 못한 결핍과 실패의 요인을 다른 곳에서 찾아서 내가 느끼는 좌절감을 최소화하려는 행동을 보인다. 그래서 그것의 한 방법으로 상대방의 성공 이유를 평가절하하거나 가치를 깎아내려 성공한 데에 부당함이 있었을 것임을 강조하는 것이다. 특히 자신이 가지지 못한 부분에 열등감을 느끼고 있는 경우라면 그 정도는 더 깊을 수밖에 없다.

나의 경우는 면접이라는 일회적인 만남이라 그냥 그렇게 실패의 원인을 타인에게 떠넘기듯이 일축해 버렸지만, 미영 씨의 경우는 지속적인 관계의 테두리 안에 그 여직원이 함께 하고 있었기에 그녀를 매순간 자신의 마음을 공격해오는 소극적 공격자로 받아들이고 있었는지도 모른다.

이것은 상대방의 성공은 정당하고 합당한 것이 아니라는 생각에서 오는 분노감이 혼합된 시기의 감정이라 할 수 있다. 이런 경우 정말 자신의 생각과 판단이 사실인지를 점검해 볼 필요가 있다. 상대방이 나보다 뛰어난 점이 어학 점수, 자격증, 수상 경력, 연수 경험 등 객관적인 지표에 의한 것이라면 비교적 그 사실을 인정하기가 수월하다. 하지만 미영 씨의 경우처럼 타고난 기질과 성격에 의해 만들어진 부분이라면 더욱 상대방의 성공과 관계 기술을 부당함에서 찾게 되는 것이다. 이것은 현재 내 실패의 원인을 상대방에게 돌리고자 하는 마음에서 출발하는 '투사'의 방어기제이며 이것의 근본은 남들에게 들키기 싫은 내 안의 열등감과 상처의 최소화를 위한 행동일 수도 있다.

건강하게 합리화하기

유명한 이솝우화 중 여우와 신포도 이야기가 있다. 굶주린 여우가 포도밭에서 잘 익은 포도를 발견하고 따먹으려 노력하지만 너무 높이 매달려 있어 도저히 딸 수 없게 되자, "저 포도는 익지 않은 신 포도일 거야."라며 생각의 합리화를 통해 서운한 감정을 달래려 했다는 이야기 말이다. 누구도 눈치 챌 수 없는 여우의 속마음이다. 오히려 멀리서 바라본다면 어리석은 여우라기보다는 의연하게 굶주림을 잘 참아낸 여우의 위대한 심적 승리라 할 수도 있을 것이다.

사람은 누구나 잘하는 것이 있다면 부족한 점도 있기 마련이다. 내가 가지지 못한 부분에 대해 좀 더 편하게 수용할 수 있어야만 한다. 그리고 만약 그 부족함이 노력을 통해 채울 수 있는 것이라면 상대방을 마음에서 공격하기 전에 그 노력이라는 것을 한 번이라도 해 봐야 할 것이다. 우리가 흔히 하는 말 중 '부러우면 진다.'라는 말이 있다. 부러움이 있다면 솔직하게 축하해 주고 나는 갖지 못한 부러움의 대상을 상대는 어떤 방법으로 얻을 수 있었는지 그 기술을 배운다면 더 좋지 않을까? 내가 누리고 싶은 직장에서의 입지와 동료들과의 관계를 포기하고 싶지 않다면 부럽기만 한 그 사람에게 손을 내밀어 보길 바란다. 혹시 아는가? 예상외로 그들과 내가 공감대를 형성할 수 있는 요소가 꽤 많을지도.

하지만 이렇게 이론처럼 부러운 상대 앞에서 의연하게 그의 이야기를 듣고 배우기 위해 속마음을 모두 비울 수 있는 사람이 몇이나 될까? 그렇기에 이런 자신이 없다면 결론은 역시 내 마음의 크기를

키우는 것뿐이다. 여우처럼 은밀하게, 그리고 위대하게 내 마음을 키워보는 것이다.

"나는 애교 많은 그 사람이 참 부러워. 그리고 나도 그 사람처럼 쉽게 사람들과 친밀감을 만들어내는 재주가 있다면 좋겠어. 하지만 결국 직장에서 사람들은 자신이 하는 일에 도움을 주고받을 수 있는 사람을 원해. 나는 일처리에 있어서만큼은 확실하다는 것이 중요해. 난 타고난 성실함으로 지금껏 인정을 받았고 앞으로도 이렇게 잘 지낼 거야. 그리고 원래 사람들은 직장에 새로 들어 온 사람에 대해 관심과 좋은 매너를 보이는 것이 당연한 것 아니겠어?"

이렇게 자신이 가지지 못한 열등감보다는 내 스스로 가지고 있는 탁월한 장점을 끌어내야 하고 또 스스로를 실패자로 낙인찍는 실수를 하지 않았으면 한다.

여우와 신포도 이야기에서 알 수 있는 합리화의 방어기제는 내가 어떻게 활용하느냐에 따라 나에게 독이 될 수도, 약이 될 수도 있다. 자신에게 불리한 일이 닥칠 때마다 그 책임을 회피하기 위해 만들어내는 합리화가 건강치 못한 방어기제라면, 내 안의 상처와 열등감을 최소화하기 위해 만들어 내는 보상적 합리화는 건강하게 승화된 방어기제로 분리할 수 있을 것이다.

실천 난이도(강) 그 또는 그녀의 친구가 되어라

태풍의 중심은 겉과 달리 고요하다는 사실을 우린 모두 알고 있다. 또 내가 눈으로 보았던 시각적 요소들로 판단한 상대방의 진심은 내 판단과 많은 부분에서 어긋나 있을 수도 있다. 그러니 용기내서 상대방의 중심으로 들어가 보길 바란다. 예상했던 것보다 훨씬 고요하며, 내가 상상하며 염려했던 불편한 상황은 일어나지 않을지도 모른다. 내가 가지지 못한 상대방의 장점을 시기하거나 폄하하려 하지 말고 칭찬과 인정으로 오히려 그 스킬을 배워볼 수 있기를 바란다.

실천 난이도(중) 열등감 극복하기

관계에서 일어나는 갈등의 요소들을 객관적으로 점검하다 보면 분명히 상대방 때문이라고 믿고 있었던 것 중 많은 부분이 사실은 내 개인적인 문제였을 때가 종종 있다.
내가 어린 시절부터 경험했던 기억 속에 혹시나 결핍과 상실에 대한 상처가 있는 것은 아닌지, 그래서 나에게 결핍된 요소들을 갖춘 사람에게 심한 열등감으로 시기하는 것은 없는지 나를 점검하는 시간이 필요하다.
내 인생에서 일어난 상당수 실패의 원인은 남이 아닌 바로 나에게 있음을 인정하자.

실천 난이도(약) 자기효능감 높이기

열등감으로 출발한 시기심의 독은 결국 나에게로 흡수되기 마련이다. 상대방의 성공만큼 나에게도 충분한 자격과 능력이 있다는 점을 기억하고 나의 '자기효능감'을 끊임없이 일깨워주는 긍정문 외치기와 같은 반복적 훈련이 도움이 될 것이다. 그 긍정문은 추상적인 것보다는 현실적인 문구가 좋다.
"나는 약속을 잘 지키는 믿음직한 사람이다."
"나에게 주어진 일을 끝까지 해 내는 성실한 사람이다."
"나는 다른 사람의 어려움을 지나치지 않고 도울 수 있는 연민을 가지고 있다."
아래에 나만의 자기 긍정문을 한 번 써 보자.

(자기 긍정문 : ______________________________________ .)

no. 2

'착잡함'으로 감정노동 중인 당신에게

잘 되면 내 탓, 안 되면 남 탓

:: 사례

영민 씨는 매월 마지막 주가 되면 여러 가지 서류 정리들로 눈코 뜰 새 없이 바쁘다. 같은 부서 사람들은 영민 씨가 맡은 업무의 이런 특성들을 모두 잘 알고 있다. 그런데 하필 이 기간에 직속 상사인 김 차장이 부장님이 급히 준비하고 있는 보고서에 들어갈 자료를 검색해서 정리한 후 자신에게 보내달라는 것이었다. 바쁜 업무가 없는 평상시라면 이 정도 일은 큰 거부감 없이 도와줄 수 있지만 자신의 일도 많이 밀려있는 상태에서 상사의 이런 지시가 그다지 유쾌하게 느껴지지 않는다.

그런데 사실 영민 씨의 마음을 더욱 불편하게 하는 것은 그동안 업무를 도와준 후 김 차장이 보였던 태도 때문이다. 도와준 일들로 부장님에게 칭찬과 인정을 받게 될 경우에는 그것이 오롯이 김 차장 혼자서 해 낸 일이 되지만, 혹시 지적을 받거나 만족스럽지 못한 결과라도 나오면 그 이유로 영민 씨를 내세웠기 때문이다. 일에 문제가 발견될 경우 상사는 부장님께 꼭 이렇게 이야기하곤 했다.

"아주 중요한 것이라고 몇 번을 강조해 주었는데 영민 씨가 검토하는 과정에서 실수가 있었던 것 같습니다. 제가 직접 했어야 했는데 죄송합니다."

자신은 큰 책임에서 벗어나려고 모든 것을 마치 영민 씨의 실수로 떠넘기는 상황을 연출할 때가 많았던 것이다. 그럴 때마다 영민 씨는 일은 일대로 힘들게 도와주고 고맙다는 인사는커녕 오히려 부장님으로부터 질책을 들어야 하니 그야말로 착잡하기만 하다. 그렇다고 모른척할 수도 없고 도와주고도 보람이 없다보니 김 차장이 부를 때마다 영민 씨는 이제 짜증부터 난다. 하지만 그는 여전히 YES맨의 역할에 충실할 수밖에 없다.

직장에서 여러 사람과 일을 하다보면 가장 빈번하게, 또 누구에게나 발생하는 상황이다. 그렇다 보니 속 시원하게 드러내지도 못한 채 마음의 찌꺼기를 안고 가게 되는 흔한 부딪힘이 아닐까 싶다.

상사가 나를 가장 신뢰해서 혹은 내 일처리 능력을 인정해서 이런 부탁을 하는 것일까? 아니면 가장 부리기 쉬운 타입의 부하이기 때문에 나를 무시하는 마음에서 이런 부탁을 하는 것일까? 상대방의 의도를 알지 못해 착잡한 마음이 더욱 커져 갈 수도 있다.

우리는 인생을 살아가며 끊임없이 선택이라는 것을 한다. 그리고 그 선택의 책임은 오롯이 내 것이 된다. 어린 시절 누구나 한번쯤은 들었던 인생 최초 선택의 질문은 바로 '엄마가 좋아? 아빠가 좋아?'일 것이다. 인생의 고비마다 우리를 힘들게 하는 선택이라는 난제는 아마 이때부터 시작된 것이 아닐까라는 생각이 든다. 둘 중 하나를 취함으로써 달래지지 않는 상실과 불만족은 성인이 된 지금도 여전히 적응할 수 없고 때로는 몇날며칠에 걸쳐 두통을 일으키는 원인이기도 하다. 여전히 우리는 그 옛날처럼 엄마를 선택해도, 아빠를 선택해도 흡족하지 못해 늘 불편한 감정에 머무를 수밖에 없는 것이다. 영민 씨 역시 상사의 불편한 업무를 도와주지도, 안 도와주지도 못하는 불편한 선택의 기로에 서 있다.

선택의 여지가 없는 찜찜한 선택

지난 8월 복지서비스기업 이지웰페어가 직장인 1015명에게 '최근 1년 내 무기력증을 경험한 적이 있느냐'고 물었다. 그 결과 전체의 58.9%에 해당하는 10명 중 6명이 무기력증을 경험한 적이 있다고 대답했다. '소진 증후군(Burnout Syndrome)'으로도 불리는 무기력증은 한 가지 일에만 몰두하던 사람이 극도의 신체적, 정신적 피로감에 빠지는 현상이다. 직장에서 이 증후군을 느끼는 순간으로는 '상사로부터 심한 질책을 받을 때(34.9%)'가 1위로 꼽혔다.

일본의 한 연구팀이 돈의 보상과 칭찬에 대한 흥미로운 실험을 했다. 피실험자들에게 뇌를 스캔하는 장치를 붙이고, 판돈이 걸린 카드게임을 하게 했는데 게임에서 이겨 돈을 벌 때마다 피실험자들의 뇌 중 선조체(striatum: 운동제어와 인지기능에 관여하는 뇌로 뉴런을 생성하는 곳)가 빠르게 활성화되는 것이 확인되었다. 그런데 같은 실험에서 연구자들이 피실험자들에게 돈 대신 '성실하다', '인내심이 강하다', '까다롭다', '이기적이다'와 같은 말을 해 줬는데, 부정적인 말 대신 긍정적인 말을 들을 때면 돈을 벌 때와 같이 선조체가 활성화되었다는 것이다. 이처럼 타인으로부터 받는 사회적 인정과 칭찬은 우리 뇌에서 마치 돈을 버는 것과 유사하게 즐거운 감정을 유발한다는 것이 확인된 것이다.

나는 이 실험 내용을 읽으며 인간에게 있어서 사회적 인정이라는 것이 얼마나 커다란 욕구인지를 다시 한 번 강하게 느꼈다. 또한 이런 사회적 인정이라는 욕구가 개인별 업무의 동기가 확실한 직장에서는 더욱 커질 거라 짐작할 수 있었다. 반대로 영민 씨처럼 부정적인 피드백을 받았을 때 느꼈을 피로함과 억울함 또한 알 수 있었다. 이렇게 지속적으로 부정적인 피드백에 노출되었을 때 소진 증후군이 찾아올 가능성도 높다.

영민 씨는 직장에서 자신이 맡은 일의 주 업무나 상사가 지시한 돌발 업무에서도 좋은 결과로 인정받고 싶다는 욕구가 강했을 것이다. 하지만 그동안 상사와 함께 한 업무처리 결과에서 왠지 피해자가 되어버린 것만 같은 억울한 감정들의 반복 경험은 영민 씨로 하여금 선택의 조건을 더욱 비교, 분석적으로 만들었을 것이 분명하다. 그럼에도 불구하고 뻔히 그려질 결과를 모른척하며 원하는 선택을 포기해야 할 때 느껴지는 착잡한 마음에 괴로웠을 것이다. 그야말로 이러지도 저러지도 못하는 갈림길에서 영민 씨의 감정만 소비되었을테고 말이다. 상사의 지시에 따라야 해서 자신이 원하는 쪽인 '거절'을 선택하지 못해 발생되는 석연치 않은 감정은 영민 씨가 일에 적극적인 열정을 보이지 못하는 데에 일조했을 것이다.

한 쪽 방의 스위치를 끄자

텔레비전의 한 힐링 프로그램에 유명 연예인이 게스트로 출연했다. 그는 MC의 질문에 '이렇다, 저렇다'고 자기 생각을 명확히 하기보다는 어정쩡한 대답으로 사람들의 비판을 받았다. 그 연예인은 시종일관 자신의 대답이 만들어 낼 시청자의 반응에 눈치를 보고 있었다. 이 점을 진행자와 본인도 인지하고 있었고 사람들이 어떻게 받아들일지 그들의 평가가 두려워 답변을 할 때마다 망설여진다는 속마음을 내비치기까지 했다. 말하고 싶은 게 있는데도 솔직하게 심정을 말하면 타인으로부터 질타를 받을 것이 두렵고, 그래서 말을 멈추자니 스스로가 정한 만족의 기준에 도달하지 못해 마음이 흡족하지 못한 것이다.

영민 씨도 이 연예인처럼 상사를 도와주자는 마음과 도와줘봤자 내 공이 될 리도 없고 그냥 내 일이나 집중해서 빨리 마치자는 마음이 강하게 충돌했을 것이다. 결국 이것은 어느 한 쪽이라고 꼭 짚을 수 없는 양가감정인 것이다.

관계에 있어서 양가감정을 느끼는 대상은 대개 한 번 보고 말 사람보다는 지속적으로 얼굴을 마주해야 하는 가까운 사이인 경우가 많다. 직장 상사, 부하, 동료는 내가 그 회사를 떠나지 않는 한 어쩔 수 없이 정해진 시간과 공간에서 반복적으로 봐야하는 사이이기에 양가감정에 노출될 일이 많아질 수밖에 없는 것이다. 그렇다 보니 내 마음 편하자고 'NO'로 거절해서 상사의 마음을 불편하게 만들고 그로 인해 내가 받을 불이익을 생각하니, 내 솔직한 감정을 포기하는 쪽으로 결론을 내리는 듯하다.

이러지도 저러지도 못하는 양가감정으로 비록 마음은 마구 흔들리지만 직장에서 인정받고 싶다는 욕구는 내 감정보다 상사나 동료의 감정을 먼저 헤아리게 만드는 묘한 능력을 갖고 있다. 그런데 이처럼 내가 바라던 하나를 포기하면서 도와준 결과가 질책과 핀잔이라면 '차라리 내 일이나 빨리 마치고 퇴근해서 쉬는 건데.' 라며 자신의 선택에 대해 책망하고 후회하는 마음이 커질 수밖에 없다. 또 '그래도 퇴근까지 미루면서 도와줬는데 수고했다는 말 정도는 해줘야 하는 거 아냐?' 라며 상사의 행동에 대해 서운하고 억울한 마음도 생기며 결국 '아~모르겠다. 어쩔 수 없는 을의 삶인 건가.' 라는 착잡한 감정 역시 들기 마련이다.

일을 하는 직장에서 왜 이런 감정의 다툼이 이어지는 것일까? 그것은 바로 '일' 때문이다. 영민 씨가 만들어낸 양가감정의 뿌리를 찾아가 보자. 그 뿌리는 일을 잘하고 그에 상응하는 보상을 타인으로부터 충분하게 받고 싶은 것이다. 그런데 결과는 어떤가? 자신의 일에서도, 상사를 도와준 일에서도 충분치 못한 결과물을 만들었다.

이처럼 일을 하며 느끼는 양가감정은 '주어진 2개 이상의 일을 충분히 동시에 할 수 있다.'로 해석하는, 아니 해석하도록 몰고 가는 멀티태스킹 필수의 시대가 만들어낸 감정 저울질이 아닐까라는 생각이 든다. 엄마의 역할, 멋진 강사의 역할, 그리고 아내와 딸, 며느리의 역할까지 내게 주어진 역할이 너무나 많다. 그리고 이 역할들 중 어느 하나도 놓치고 싶지 않은 것이다. 그렇다면 어떤 결정이 필요할까? 나는 역할들을 모두 잘 해내기 위해서 동시가 아닌 역할별로 나뉜 각 요일과 시간들에 집중하는 편이다.

당장 해야 할 일이 급하다. 그런데 아이가 유치원에서 하원할 시간이다. 만약 이 두 가지를 동시에 다뤄 모두 해 내려 하면 둘 다 엉망이 될 것이다. 일을 하다 아이가 부르면 한번 보는 둥 마는 둥 봐주고 다시 일을 하려하면 방금 전까지 어떤 내용을 정리하고 있었는지 집중이 안 되니 다시 일은 처음으로 돌아간다. 그때 아이는 칭얼대며 "왜 나랑 안 놀아주는데."를 외치면서 내 앞에 서곤 한다. 이럴 땐 다른 급한 일에 대한 스위치를 잠시 꺼두어야 한다. 일단 유치원에서 돌아온 아이와 한 30분을 그야말로 찐하게 놀아주면 된다. 아이는 엄마와 충분한 정서적 교감이 이루어졌다고 느끼는 순간 엄마를 놓아줄 것이다. 그때 엄마는 일에 집중할 수 있게 된다. 30분의 시간을 허비한 것 같은가? 아니다. 몰입으로 진행된 일의 결과물은 만족을 가져다 줄 것이다.

때로는 한 쪽 방의 스위치를 꺼두는 것이 필요하다. 그러면 이것도 해야 하고 저것도 해야 하는데서 시작된 불안감과 이것도 제대로 못하고 저것도 제대로 못해서 시작된 착잡한 감정으로부터 조금은 자유로워질 수 있다. 직장에서 맡겨진 일을 처리할 때도 이처럼 스스로 정한 감정의 스위치를 작동시킬 수 있다면 감정을 일으키는 행동의 선택이 조금은 수월해질 것이라 생각한다.

마음의 방향을 정하면 단순해진다

영민 씨가 느낀 착잡한 감정은 자신과 상사 모두에게 그 이유가 있다. 또한 그것의 근본적인 원인은 모두 잘하고픈 마음이다. 도대체 어느 쪽 스위치를 먼저 꺼야하는 것일까? 양쪽을 모두 켠 상태로 일을 하다 보니 둘 다 흡족하지 못한 결과가 나왔다. 결국 한 쪽을 선택해야 하는 것은 불가피하다. 그리고 이때 선택을 위해 가동되는 개인의 지각, 인격, 기대, 열망 등과 같은 감성 메모리는 판단의 저울 역할을 하며, 나의 성숙된 혹은 미성숙된 방어기제를 대표하는 중심이 될 것이다.

타인을 도와 팀의 성과를 내는데 기여하고픈 협력의 욕구와 내 일을 정해진 시간 내에 잘 마무리 하는 것 중 어느 부분에서 내가 더욱 타인으로부터 인정받고 싶은지를 물어보자. 물론 자신의 직장에서도 어느 것의 비중이 더 큰지 냉정히 평가하길 바란다.

그리고 혹시 내 선택이 상사의 일에 대한 협조였는데 일이 잘 처리되었음에도 그 공이 상사 혼자만의 것으로 돌려지는 부분은 이것과 별개로 접근해야 한다. 부장에게 보고시 참조를 넣는다거나 공식적으로 내가 그 일에 참여하고 있다는 점을 부각시킬 수 있는 다른 방법들을 해당 직장에서 허락된 방법으로 알릴 필요가 있는 것이다. 물론 이와 동시에 지적에 대한 스트레스도, 공적에 대한 인정도 상사와 똑같이 받겠다는 각오 또한 필요할 것이다.

이렇게 우선은 본인 마음속 집의 방향을 정확히 하고 고정된 위치에 놓을 수 있다면 사실 영민 씨가 고민했던 양가감정의 선택은 의외로 단순한 문제에 머무르게 된다. 일에 대한 책임이 너의 것에서 나의 것으로 주체가 바뀌는 순간 감정노동은 더 이상 감정노동이 아닌 '잘 해 내자!' 라는 동기부여와 몰입으로 이어질 것이다.

우리는 때로 감정을 어떻게 다룰 것인가에 대해 고민하곤 한다. 하지만 이럴 때 감정에 집중하기 보다는 그 일을 어떻게 해결할 것인가라는 현명한 결정에 집중할 필요가 있다. 현명한 결정은 결국 감성과 이성을 모두 동원해야만 하며 감정을 배제하고 지극히 '일, 일처리 방식, 일의 기대, 일의 보상' 등에 집중하는 것으로 답을 찾는 것이 좋다.

실천 난이도(강) 거절의 힘을 기르자

그다지 해 주고 싶은 마음은 없지만 거절했다가 혹시 동료와의 사이가 틀어지거나 하극상, 또는 비협조적이라는 말을 들어 회사 내 좋지 않은 소문을 만들고 싶지 않은가? 그렇다면 소위 찍히지 않으면서도 상대의 이해를 구할 수 있는 거절 기법을 길러 보자. 거절을 해야 한다는 것은 누군가의 부탁이 전제될 때이다. 거꾸로 내가 누군가에게 부탁할 때를 떠올려보자. 그 부탁은 가장 거부감 없이 내 부탁을 들어줄 수 있는 사람에게 향하게 되어있다.

"중요한 일임에도 불구하고 저를 떠올리고 부탁해 주셔서 고맙습니다. 제가 도움이 될 수 있었으면 좋겠는데 지금 사실 걱정이 좀 됩니다. 제가 급하게 진행하던 일이 있거든요. 시간적 여유가 있다면 제가 급한 일을 마친 후 도와드리고, 그렇지 않은 경우라면 다음에 도와드려야 할 것 같아요. 괜찮으시겠어요?" 라고 정중하게 말해 보자. 일단 시간은 벌 수 있을 것이다.

실천 난이도(중) 출처 없는 상상은 사실이 아니다

직장에서 누군가, 특히 상사 또는 권위 있는 거래처 직원의 부탁을 거절하면 나의 직장생활이 평탄치 않을 것이라는 불안감을 끊어내야 한다. 직장에서 사람에 대한 인정과 평가의 조건은 여러 가지이다. 우리는 그것을 충분히 누릴 권리가 있다. 내가 가지고 있는 강점과 매력이 무엇인지 내면과 마주해 보도록 하자.

실천 난이도(약) 타당한 이유를 만들어라

거부하지 못하고 기왕에 해야 하는 것이라면 내가 뒤틀림 없이 기분 좋게 할 수 있도록 당위성을 부여해 보도록 하자. 직장의 모든 일은 협력이 필요하며 나 또한 누군가의 도움을 받고 있다는 생각이다. 그리고 그 책임도 함께 가지고 가도록 한다. 공적에 대한 배려가 서운하다면 거절 대신 그 부분을 이야기하고 열정을 약속하는 것도 좋을 것이다.

no. 3

'불쾌함'으로 감정노동 중인 당신에게

벗어나고픈 힘희롱

직장 내 왕따, 괴롭힘이 사회문제로 부각되면서 권력을 이용한 괴롭힘이라는 뜻으로 일본에서 '힘희롱'이라는 말이 처음 생겨났다. 일본에서는 사회적 문제로 인식됐지만 우리나라에서는 어디까지를 힘희롱으로 정의할 수 있는지에 대해 기준이 명확하지 않다는 이유로 미온적인 분위기다. 게다가 가해자가 인사권을 가진 상사일 경우 대놓고 반발하지 못하다 보니 당하는 부하직원 입장에서는 그야말로 지독한 감정노동에 시달릴 수밖에 없는 것이다.

:: 사례

외근으로 여러 거래처를 도느라 점심도 제대로 먹지 못하고 하루 일을 마친 종석은 그래도 현장에서 곧바로 퇴근할 수 있다는 사실에 위안을 삼고 있었다. 그런데 마침 그 시간에 상사로부터 며칠 후 보자고 했던 기획안이 어느 정도 진행되었는지를 묻는 연락이 왔다. 그리고 지금 회사로 복귀하라는 것이다. 그때의 시간이 벌써 저녁 6시였고 종석 씨가 있는 곳에서 회사까지는 3시간 거리나 되었다. 이런 상황을 말하자 상사는 아무렇지 않게 "그럼 9시까지는 도착하겠네? 들어와."

이처럼 상사는 종석 씨가 외근을 나갈 때면 유독 행선지를 묻고 또 묻거나 퇴근 시간이 다 되어서 갑자기 새로운 업무 지시를 하는 경우가 많았다. 더욱 불쾌한 것은 다급한 척 업무 지시를 내리고 정작 본인은 인터넷 쇼핑이나 게임을 즐기고 있다는 점이다. 처음에는 그저 어느 직장에서나 일어날 수 있는 일이라며 받아들였지만 반복되다 보니 특별히 종석 씨를 믿지 못해 감시하는 느낌도 들고 뭔가 못마땅하여 괴롭히는 행동인 것만 같아 신경 쓰였다. 불쾌하지만 업무를 핑계로 가해지는 힘희롱이다 보니 어쩔 수가 없다.

내 가까운 지인 중에도 비슷한 경우를 겪은 사람이 의외로 많았다. 상사가 개인적으로 지방에 일이 생겨 이동을 하는데 부하 직원에게 피곤하다며 운전을 맡긴다거나, 외국어 실력이 좋은 부하 직원을 자기 집으로 보내 자녀의 영어 수업을 부탁하는 일도 있다는

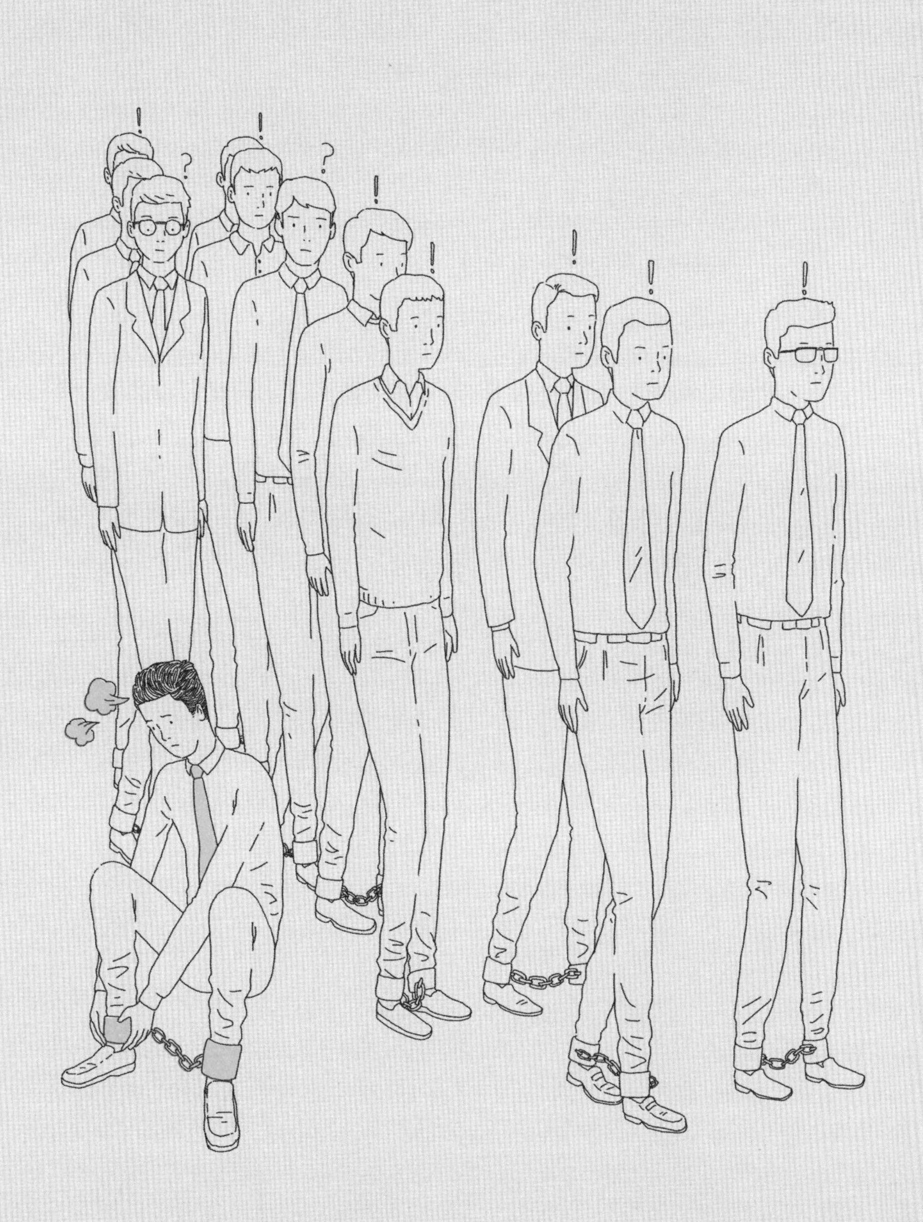

것이다. 나는 지인에게 이런 이야기를 듣고 너무 놀랐다. 업무도 아닌 사적인 일에 부하 직원을 부리는 이것이야말로 힘희롱이라고 생각했기 때문이다. 그래서 그 이후 강의 때마다 종종 교육생들에게 이 사례에 대해 어떻게 생각하는지를 물어보곤 했었다. 그런데 대답은 오히려 내가 너무 민감한 것인가? 하는 생각을 갖게 했다.

"그 정도는 당연히 해 줘야 합니다."

"상사 지시인데 그걸 감히 거부하면 안 되죠."

"아주 흔히 있는 일인데요."

"그러면서 발전하는 겁니다."

정말 놀라지 않을 수 없었다. 반복적인 경험이 합리적 논리로 고착화되어 이를 상사에 대한 좋은 매너로 평가하고, 또 그 정도는 해야 한다는 식의 집단의식이 힘희롱의 기준을 모호하게 만들어 버린 것만 같아 씁쓸했다. 더군다나 그 힘이 가해지는 이유가 업무 때문이라면 어쩔 수 없이 그 지시에 따를 수밖에 없다는 것이었다. 이러한 사회적 분위기가 종석 씨처럼 불쾌함을 느끼는 사람이 오히려 사회생활을 할 줄 모르는 사람 또는 혼자서 튀는 까칠한 사람이라는 소리를 듣게 만드는 것 같아 불편하다.

익숙해지면 지는 거다

긍정심리학의 석학인 마틴 셀리그만이 했던 무력감에 대한 실험이 있다. 실험은 두 그룹으로 나눠 1단계를 진행한 후 이어 변형된 2

단계를 진행하는 형식이었다. 개들을 상대로 한 이 실험의 1단계는 A(코로 버튼을 누르면 전기충격이 멈춤)와 B(전기충격을 멈출 수 없음) 그룹으로 나눠 강하지 않지만 불편하고 신경 쓰이는 정도의 인위적인 전기충격을 주는 것이었다. 이렇게 1단계 실험을 마친 뒤 두 그룹의 개를 섞었다. 2단계 실험은 한쪽 방은 여전히 전기가 통하게 하고 다른 한쪽 방은 통하지 않도록 했다. 그리고 두 방 모두 개들이 충분히 뛰어 넘을 수 있는 높이의 칸막이를 설치해 놓았다. 전기충격이 불편할 경우 칸막이를 뛰어넘으면 피할 수 있는 것이다. 1단계 실험에서 A그룹에 있었던 개들은 칸막이를 뛰어넘었으나 B그룹에 있었던 개들은 그대로 머물렀다. 이 실험에서 의미하는 바는 노력해도 고통을 피할 방법이 없다는 사실을 경험한 사람은 다음에 비슷한 상황에 처하게 되면 고통을 피하려고 노력하기보다는 참는 쪽을 택한다는 것이다.

만약 전기충격의 강도가 처음부터 대단히 큰 고통을 줄 정도였다면 실험의 결과는 어떻게 달라졌을까? 이 실험에서 내가 주목한 부분은 '강하지 않지만 불편하고 신경 쓰이는 정도'의 충격이었다는 점이다. 누가 보더라도 따돌림이나 개인적인 괴롭힘이 분명하다면 상사의 행동에 어떤 대처를 해야 할지에 대한 답이 곧바로 나오기 때문에 우리는 고민조차 하지 않을 것이다. 그런데 공식적으로 평가되는 고통의 수준이 아닌 지극히 주관적 불쾌감이기에 하소연할 수가 없다. 그것은 마치 '네가 유별난 거야.', '인내심이 그렇게 없어서 어쩌니?' 등 마치 나에게 뭔가 문제가 있는 것처럼 해석될 수도 있기 때문이다.

그래서 상사의 부당함에 대해서 한번 참았던 것이 두 번, 세 번 허락하게 만들어 버린다. 때문에 행동은 의식적으로 매너를 갖추고 있지만 행동을 옮기기 전에 무의식적으로 이미 치고 올라온 감정은 나를 놓아주질 않는다. 쉽게 그 상황을 허락하고 싶지 않을 것이다. 이때부터는 고독한 혼자만의 내면 싸움이 시작된다.

충분히 불쾌함에도 불구하고 아무 말도 하지 못하는 내가 바보스럽고 더러는 비참하게 느껴지기도 한다. 그리고 주변의 다른 동료들을 바라보며 저들은 정말 괜찮을까? 하고 생각한다. 그 다음엔 이런 상황을 어느 누구 하나 공론화시키지 못해 내가 피해자가 되어 버렸다는 생각을 지우기 어렵다. 그래서 그 억울함을 상사보다는 힘희롱 대상에서 비교적 자유로운 동료들이나 가정의 배우자 또는 어린 자녀들을 향해 표출해 버리는 실수를 저지르기도 한다.

의미 없는 희망고문에서 벗어날 용기

혹시 직장을 다니면서 아래와 유사한 말들을 들어 본적이 있는가?

"다 OOO 씨 잘 되라고 하는 말이야."

대한민국을 경악케 했던 인분교수 사건을 여러분도 아마 알고 있을 것이다. 그는 해당 업계에서 인정받는 권위자였고 동시에 한 대학의 교수였다. 가해자인 그가 가진 힘이 제자였던 피해자의 인격을 살인한 것과도 같은 그야말로 끔찍한 사건이었다. 그 교수는 시종일관 자신이 그런 행동을 한 것은 모두 제자가 잘되라는 뜻에서, 그리고 좀 더 잘 가르쳐 보겠다는 욕심이 만들어낸 일이었다고 설명했다. 말도 안 되는 이유이지만 우리 주변엔 아직도 이렇게 힘의 구조로 타인의 인격을 짓밟는 행위를 하는 사람들이 많이 있다.

인분교수 사건(폭행, 가스 살포, 인분 먹이기 등 너무 끔찍한 고문)과는 차원이 다르긴 하지만 우리 사회에서 이런 권력을 휘두르는 사건들이 왜 잊혀질만하면 한 번씩 터져 나오는 것일까? 그것은 바로 사건의 반대편에 서있는, 그것을 용납하고 있는 피해자가 존재하는 이유도 있다. 권위자의 말을 따르면, 그렇게 해서 그의 눈에 거슬리지 않고 인정받게 된다면 왠지 나의 미래가 조금은 안정적일 것 같다는 막연한 희망이 만들어낸 고문인 것이다. 그리고 그 희망적인 미래에 대한 환상은 상대방의 가혹한 요구에도 반발할 수 없게 만들어 끔찍한 인내 또는 복종을 나에게 허락하는 것이다. 인분교수 사건이 누가 봐도 범죄 행위인 것과는 다르게 직장에서는 그 힘희롱이 아주 개인적이며 주관적인 해석의 차이를 가지고 있기 때문에 더욱 더 피해자는 목소리를 낼 수 없다.

그렇다면 나의 불쾌한 감정은 어떻게 내려놓아야만 하는 것일까? 우선 힘의 논리가 용납되고 있는 사회 전반에 깔린 잘못된 성공문화가 바로 고쳐져야 할 것이다. 그리고 권위자의 힘에 대한 의식구조가 먼저 바뀌어야 한다. 마지막은 반대로 나도 과연 그들에게 무엇인가 희망을 걸고 있지는 않은지, 그래서 참아내고 있는 것인지 내게 용기 내어 물을 수 있어야 한다. 또한 상사의 힘희롱이 내가 허락한 매너의 테두리 안에서 수용할 수 있다면 그때부터는 나의 의식 구조를 긍정적인 YES맨으로 바꿔주면 될 것이다. 자신의 태도에 대한 선택에 책임을 지는 것이다.

강자에겐 약한 그를 이기는 방법

그렇다면 가장 좋은 방법은 무엇일까? 그의 만행이 공론화된 사실이며 단지 상사 본인만 사실을 인지하지 못하고 있다면 직원들 모두가 얼마나 고통 받고 있는지, 또 그의 생각이 틀렸음을 차분한 어조로 알려줄 필요도 있다. 그러나 거부할 수 없는 지시거나 자칫 강하게 거부할 경우 닥치게 될 후폭풍이 염려되어 힘겹게 견디는 중이라면 한 걸음 뒤로 물러서서 전혀 다른 방향으로 문제의 답을 찾아보는 것도 좋다.

사실 내가 다녔던 직장에도 비슷한 스타일의 상사가 있었다. 의외로 이런 상사를 대하는 방법은 쉬운 곳에서 찾을 수도 있다. 직장에서도 인간관계가 중요한 요소임은 분명하지만 친목도모를 위한 모임과는 그 배경이 다르다. 일이라고 하는 목적이 뚜렷이 있는 곳이기에 관계 속 불쾌함의 해답을 원래 목적인 일로 풀어 갈 수 있다. 그야말로 꼬투리 잡힐 법한 것들에 대해 미리 싹을 자르는 것이다. 무엇부터 하면 좋을까?

직장 생활의 기본은 근태이다. 내가 먼저 근태 관리에 있어서 철저하게 지켜주고 업무 처리에 있어서도 기본적인 납기일을 정확히 맞추는 등 약속 이행에 있어 최고의 신뢰도를 만들어 내는 것이다. 또한 직장에서의 입지를 다지는데 있어서 업무 능력이 가진 힘을 무시할 수 없으니 업무에 숙련된 전문가의 모습을 안팎으로 보여주는 것이다.

나를 유독 힘으로 괴롭히는 상사가 있다면 그와 협업이 필요한 과제에 대해서는 사전, 중간, 사후 보고하는 것에 더욱 신경 쓸 필요가 있다. 그리고 되도록 받은 업무 지시는 서면으로 기록을 남기고 다른 상사, 동료, 부하 등과 공유해도 괜찮은 내용의 경우 메일을 보낼 때 참조를 넣어주는 것도 방법이 될 것이다. 나의 업무 스타일이 조금 더 타이트해진다면 분명 나에 대한 주변의 평판이 달라질 것이며 더 이상 그 상사에게도 힘희롱을 가할 명분이 없어지게 되는 것이다.

물론 그것이 업무를 벗어나 인분교수가 가했던 인격 살인과 같은 명백한 괴롭힘이라면 혼자서 해결하기 보다는 생각이 같은 동료들과 마음을 모아 함께 행동해야 한다. 그리고 직장 내 매뉴얼을 활용하거나 준비되어 있지 않다면 새롭게 설계할 수 있도록 건의해야 할 것이다.

실천 난이도(강) 혼자서 해결하지 않아도 된다

최근 직장 내 인간관계를 비롯하여 개인의 심리적 안정을 위하여 직장마다 자체적으로 상담센터를 운영하는 곳이 증가하고 있다. 혼자서 감당할 수 없는 상사의 힘희롱이라면 공식적인 도움을 받아보는 것도 방법일 것이다. 이때 중요한 마음은 타인 또는 자체 기관에 알리는 것이 나의 인사평가에 불리하게 작용할 것이라는 걱정과 염려의 생각을 하지 않는 것이다. 그리고 가급적 업무 또는 부서 등을 옮기는 방법으로 업무 배치에 변화를 주어 상대방과의 부딪힘을 최소화하고 거리를 두는 것도 좋다.

실천 난이도(중) 상대에게 직접 들어라

평소 상사의 인품에 대해 관심을 가져보도록 하자. 다른 직원들로부터 어떤 평을 받고 있으며 관계에 특이한 점이 있는지 말이다. 만약 나를 불쾌하게 하는 것처럼 회사 내 평이 그저 그렇고 다른 사람들도 그로 인해 고통스러워한다면 공존관계에 놓인 사람들과 같이 행동하면 좋다. 그러나 혹시 다른 사람들과 조직 내에서 그 상사를 평가하는 수준이 높다면 다시 한 번 이 문제에 대해 객관적으로 짚어 볼 필요가 있다. 혹시 상사가 나에 대해 오해한 부분은 없는지, 둘의 관계 속에서 괴롭힘의 원인이 될 만한 큰 실수의 사건이 있었는지 용기 내어 물어 볼 수 있어야 한다. 그렇게 그의 이야기를 듣는 소통의 시간을 가져야만 힘희롱의 늪에서 빠져나올 수 있게 될 것이다.

실천 난이도(약) 나의 생각 만나기

내가 기대하고 있는 환상엔 어떤 것들이 있는지 적어보도록 하자. 그리고 혹시 그 환상의 현실화를 위해 마땅히 내가 누려야 할 권리 중 한두 가지 정도는 희생해도 괜찮다고 생각 하는 것은 없는지 살펴보아야 한다. 권리를 마땅히 누려야 함에도 희생하고 있다면 당신은 힘희롱의 덫에 걸려들고 만 것이다.

no. 4

'짜증'으로 감정노동 중인 당신에게

말로 잡아먹히다

:: 사례

자동차 회사의 공장 차체과에 입사해 10년째 근무를 했던 영철 씨는 얼마 전 회사의 내부 사정으로 인해 다른 공장으로 전출을 가게 되었다. 그곳은 쇳물을 녹여서 작업하는 주철주조부라는 곳이었고 영철 씨는 태어나서 처음 접하는 현장이었다. 모든 것이 낯설고 긴장되었는데 그 중 영철 씨를 가장 긴장되게 하는 것은 공장 현장이 아니라 조장이었다. 영철 씨 인생에서 최악의 만남이 시작되었던 것이다. 조장의 많은 행동 특성 중 가장 영철 씨의 심기를 건드리는 것은 쉬지 않고 뱉어내는 잔소리였고 바로 이 덕분에 동료들 사이에서 조장의 별명은 시어머니였다.

'의자에 앉아 있지 마라.', '휴대폰 보지 마라.', '청소해라.', '장비 일찍 마음대로 끄지 마라.' 등등 정말 쉴 새 없이 조장의 입에선 영철 씨와 동료들의 행동을 통제하려는 부정적인 표현의 말들이 쏟아져 나왔다. 좋은 말도 여러 번 반복해서 들으면 듣기 싫어지기 마련이다. 하물며 '~하지 마라.'는 식의 부정적인 말은 영철 씨의 마음을 하루에도 몇 번씩 뒤집고 있었다. 원래 긍정도가 높은 편에 속하던 영철 씨가 속으로 '너나 잘 하세요.', '더럽게 떠드네.', '귀신은 뭐하나 몰라, 저 인간 안 잡아 가고.' 라는 식의 공격적인 표현을 하는 사람으로 점점 바뀌고 있었다. 또한 작업에 몰입도 안 될 뿐만 아니라 동료들끼리 관계를 맺는 것 역시 더더욱 귀찮고 불편한 일이 되어버렸다.

우리는 잔소리가 심한 사람을 가리켜 시어머니라는 별칭을 사용한다. 그런데 그거 아는가? 이 말의 포인트는 '잔소리'가 아니라 '시어머니'의 잔소리라는 것이다. 필요한 이야기들임에는 틀림없으나 애초부터 무엇을 말하든지 내가 별로 좋아하지 않는 사람의 입을 통해 나오는 이야기라는 의미에서 시어머니라 표현하는 것이 아닐까 싶다. 그렇다면 시어머니라는 별명을 가지고 있는 직장 상사는 왜 상대방이 듣기 싫어한다는 것을 알면서도 잔소리를 멈출 수 없는 것일까? 그것은 우리에게 많이 알려진 이야기를 통해 힌트를 얻을 수 있을 것 같다.

생선회를 파는 사람은 생선이 죽으면 값이 훨씬 떨어지므로 수족관에 작은 상어 한 마리를 풀어놓는다는 이야기가 있다. 그러면 물고기들은 상어한테 먹히지 않으려고 열심히 피해 다니며 긴장상태를 지속하게 되고 그 결과 물고기는 오래 살아남을 수 있다는 것이다. 이것과 비슷하게 아내가 남편에게 하는 '병원 좀 가라.'는 식의 끊임없는 잔소리가 남편의 수명을 늘렸다는 영국의 데일리메일의 기사가 있었다. 더불어 독일 루르 대학교 슈미츠 박사팀의 연구결과에서도 기혼남이 독신남보다 의사를 찾아가는 경우가 6% 더 많았으며 또 건강을 위해 1주일에 한 번씩 달리기를 하는 사람도 기혼남이 20% 더 많았다고 밝혔다. 그리고 이렇게 된 것은 아내가 옆에서 계속 잔소리를 해대기 때문이라는 설명이 뒤따랐다.

결국 귀에 딱지가 생길 정도로 여러 번 하는 잔소리가 직원들에게 최소한의 '실행'을 만들어낸다고 생각하는 상사는 어쩌면 이 논리를 직장에서 신념처럼 지키고 있는 것일지도 모른다.

의지를 꺾어 버리는 잔소리

잔소리를 견딘다는 것은 굉장히 괴로운 일 중 하나이다. 실제 명절이 되면 항상 빠지지 않고 나오는 뉴스 중 하나가 명절날 듣기 싫은 잔소리에 대한 리서치 결과이다. 우리는 일 년 중 두 번 듣는 잔소리도 고통스러운 경험으로 구분짓는다. 그런데 매일 출근해서 퇴근까지 일주일, 한 달, 일 년을 그렇게 함께 지내며 들어야 한다고 생각하면 영철 씨의 짜증이 백번 이해되고도 남는다.

나는 학창시절 저녁을 먹은 후 마음속으로 강한 의지를 불태우며 한 가지 다짐을 했었다.

'TV 프로그램 하나만 보고 공부해야지!'

그 순간 들리는 '너 공부 안하니?' 라는 엄마의 잔소리. 그 말을 들으면 방금 전까지 공부해야겠다고 마음먹었던 나의 의지는 순식간에 꺾이고 말았다. 그 이유는 엄마가 나에게 한 말 그 자체보다는 그것을 내 기준의 해석으로 받아들였기 때문이다. 즉, 엄마가 나를 참견하고 꾸짖었다는 해석에서 비롯된 부정적인 감정이 올라온 것이다. 잔소리는 자질구레한 말을 늘어놓는다는 의미도 있지만 필요 이상으로 듣기 싫게 꾸짖거나 참견한다는 뜻도 가지고 있다. 타인에 대한 의존도가 높은 사람을 제외한 대부분의 사람들은 누군가에게 통제, 조종당하기를 원치 않는다. 성인으로 성장하는 과정에서 독립적으로 사고할 수 있고 선택과 결정을 내릴 수 있게끔 인지가 발달되었기 때문이다. 그런데 잔소리라는 개념은 그런 사고의 뇌를 파고들어 조종하려는 것으로 받아들여질 뿐만 아니라 나의 자율성을 빼앗는 것만 같아 본능적으로 거부하고 싶도록 만든다.

더군다나 잔소리의 특성상 대부분의 화법이 '하지 마라, 해라, 왜 안 하느냐?' 등의 명령 또는 강요의 말이거나 핀잔을 주는 꾸짖음의 형태를 띠고 있는데, 이 역시 듣는 사람에게 짜증나는 감정과 거부

심리를 유발하는데 한 몫 한다. 영철 씨의 경우 스스로 긍정성이 강한 사람인데도 불구하고 조장의 잔소리에 불쑥불쑥 정리되지 않은 감정들이 비난의 목소리를 내고 있으니 그저 웃어넘기며 '네가 참아라.'는 식의 답을 해 줄 수만은 없는 듯하다.

그는 지금 불안하다

영철 씨 회사의 조장은 언제부터 잔소리를 하기 시작했을까?

나는 여러 업종의 기업에 출강하여 교육을 하고 있다. 조직 내 소통과 갈등완화를 위한 교육을 할 때면 각 직급별 서로의 대화법에 대해 이야기하게 되는데 특히 관리자들의 화법에 대한 부하 직원들의 불쾌감은 꽤 높았다. 업종별로 본다면 생명에 대한 안전성이 완벽하게 통제되지 못하는 건설현장, 생산라인, 군대, 유통 물류센터 등에서 근무하는 상사들의 화법에서 반말, 욕설, 강요, 명령, 지시어를 사용하는 정도가 너무 지나치다는 피드백이 공통되게 나오기도 했다. 잔소리를 많이 하는 사람들의 특성을 보면 그 밑바닥에 치유되지 않은 개인적인 불안감이 자리 잡고 있는 경우가 많다. 이들의 특징은 가만히 앉아서 쉬질 못한다는 것이다. 몸을 움직이지 않으면 불안해서 무언가를 계속 계획하고 찾아서 해야만 그나마 마음에 안정이 오는 것이다.

불안 심리가 강한 가정주부가 있었다. 그녀는 아침에 일어나자마자 오늘 해야 할 일을 빼곡하게 적는 것부터 하루 일과를 시작한다. 빨래를 하면서는 아이의 이유식을 걱정하고 이유식을 하면서는 또 저녁밥을 걱정한다. 무언가 손에서 놓지 않고 일을 하고 있지만 계속 걱정과 불안이 해결되지 않는 것이다. 그래서 또 그 불안을 달래기 위해 쉬지 않고 뭔가를 해야만 하는 풀리지 않는 숙제를 하고 있다. 그리고 자신처럼 움직이지 않고 있는 남편을 보면 한심하거나 게을러 보여 참을 수가 없다. 바로 그런 마음이 끊임없이 자신처럼 분주하게 움직여 달라는 잔소리로 연결되고 있었고 남편은 그런 잔소리를 피해 아무도 없는 방으로 숨어 버리는 일이 많아졌다.

이런 경우에는 불안해하지 않아도 된다는 것을 보여주거나 또는 반대로 당신의 잔소리가 얼마나 우리를 지치게 만드는지를 알려주는 것도 방법일 수 있다. 영철 씨는 조장이 불안을 느낄 수 있을만한 것들을 사전에 차단해 보면 된다. 사소한 안전 수칙까지도 그야말로 빠짐없이 지켜내는 것이다. 그리고 이러한 작은 규칙을 안 지킬 경우 우리에게 얼마나 큰 일이 일어날 수 있는지에 대해 조원들이 모이는 곳마다 먼저 선수쳐서 말을 해 보는 것이다. 또한 조장이 잔소리처럼 강조했던 많은 것들을 일일이 그에게 되물어 보자. 혹시 아는가? 어느 날 그의 입에서 "아, 거참 사람 되게 귀찮게 하네." 와 같은 말이 나올지. 그렇게 스스로의 잔소리 습관에 대해 인식할 수 있도록 조원들과 돌아가며 연기를 하는 것이다. 물론 이때 조원 모두가 영철 씨와 생각이 같을 때 실현될 수 있을 것이다.

그런데 사실 조장의 말이 딱히 나쁜 말은 아니다. 업무 중 휴대폰을 보지 말아야 하고 깨끗한 작업장 환경을 위해 청소를 하는 것도 그렇다. 혹시 나에게 조장의 잔소리가 아니라 누군가로부터 조언을 듣거나 지적을 받는 것 자체에 큰 불쾌감을 느끼며 이유 없이 무조건 거부하고 싶은 마음이 있는 것은 아닌지도 살펴 봐야한다.

더불어 우리가 듣게 되는 잔소리 중에 나쁜 잔소리가 있다면 좋은 잔소리도 있다는 점 정도는 인정할 수 있다면 짜증이 나를 위한 고마움으로 바뀔 수도 있을 것이다.

행동이 아닌 사연 보기

첫째, 직장에서 귀가 따가울 정도로 직원들의 행동 하나하나를 통제하려는 상사가 있다면 그의 불안감이 시작된 사연이 있는지 물어보는 것도 좋다.

둘째, 그의 사연 또는 자라 온 처지와 환경이 과한 책임감을 갖게 되는 계기가 되었는지도 살펴야 한다.

친하게 지내는 지인 중 심리상담 일을 하고 계신 분이 있다. 그분은 이제 나이도 있고 오랜 세월 상담일을 하며 축적된 공감피로의 독을 빼내기 위해서라도 그만 일을 접고 쉬겠다는 말씀을 항상 하신다. 그러나 여전히 그 분은 새벽이든 한밤중이든 자신을 찾는 내담자가 있으면 어떤 식으로든 도와주려 애쓰신다. 본인도 피곤할 텐데 왜 그렇게 매달리시는지 여쭤봤더니 이유는 이랬다. 과거 처음 상담을 시작했을 때 망상증이 심했던 환자가 있었다고 한다. 하루 중 시간대에 상관없이 몇 번이고 전화를 걸어왔고 그게 반복되자 점점 귀찮은 마음이 생기고 말았다. 그러던 어느 날 한밤중에 걸려온 그 환자의 전화를 받지 않았고 그날 새벽 그 환자는 끝내 자살을 했다고 한다. 지인은 그 환자의 죽음에 굉장한 죄책감을 갖게 되었고 이후로 조금이라도 힘들어 하는 사람들의 말을 쉽게 지나치지 못하는 습관이 생겼다는 것이다. 그럴 수도 있겠다는 생각을 했다.

모든 사람들의 행동방식에는 사실 그 나름대로의 사연과 그 사연 속에서 느꼈던 감정들이 얽혀 있다. 특히 지워지지 않은 상실과 결핍의 상처가 그 사연을 채우고 있다면 더욱 강력한 방어기제로 그의 지각을 묶어버렸을지도 모른다.

셋째, 별 이유 없이 그 사람의 바뀌지 않는 성향에서 비롯된 잔소리라면 나만의 유토피아를 상상하는 방법으로 긍정을 빼앗기지 않았으면 한다. 올 여름 재미있게 봤던 드라마의 한 장면이 떠오른다. 백화점에서 근무하는 여주인공의 직장 상사는 사례 속 영철 씨의 상사처럼 사사건건 하나부터 열까지 직원들의 행동을 통제하려 드는 사람이었다. 그날도 직원들을 일렬로 쭉 불러 세우고는 잔소리가 시작되었고 모두들 큰 잘못이라도 한 듯 고개를 숙이고 있었다. 그런 가운데 여주인공의 표정은 작은 미소와 함께 굉장히 평온해 보이기까지 했다. 여주인공의 캐릭터가 해탈의 경지에 이른 사람인가 했는데 여주인공의 머릿속을 표현하는 화면이 오버랩되어 보여졌다. 바로 여주인공이 피아노 앞에 앉아 너무도 맑고 경쾌하게 쇼팽의 녹턴을 연주하며 즐기는 모습이었다. 그 뒤로도 여주인공은 직장 상사의 잔소리가 시작될 때마다 머릿속으로 피아노를 연주하며 그 시간을 극복한다.

만약 상사가 심각한 잔소리쟁이여서 체념해야 하는 지경이라면 차라리 드라마 속 여주인공이 썼던 방법처럼 그 시간에 머릿속으로 긍정의 이미지를 그리는 것이 정신 건강에 좋을지도 모르겠다. 상사와 물리적 거리를 둘 수는 없으니 심리적 거리를 두어서 마음의 평안을 만들어 보는 것이다.

실천 난이도(강) 그의 사연 발견하기

사람은 누구나 욕구가 있으며 그 욕구가 충족되거나 충족되지 않을 경우 플러스 또는 마이너스 감정을 생산한다. 그리고 그 감정들은 우리의 말과 행동으로 표출된다. 누군가의 말과 행동을 바라볼 때 '왜?'라고 질문해 보길 바란다. 그러면 그동안 이해할 수 없었던 그 사람의 말과 행동이 아주 심플하게 이해되기 시작할 것이다.
잔소리가 심한 사람의 경우 내면에 치유되지 못한 불안심리가 깔려 있는 경우가 많다. 그의 불안함이 언제, 어디서부터 만들어진 것인지 술(차)이라도 한잔하며 진지하게 들어보자. 그를 향하던 나의 짜증은 연민으로 바뀔지도 모른다.

실천 난이도(중) 나의 사연 발견하기

나는 평소 어떤 방어기제를 가지고 있는지 생각해보자. 특히 상대방이 나에게 강요, 지시, 꾸짖음의 말을 할 때 합리적으로 수용하는 사람인가? 내가 잘못된 행동을 했다면 그 부분을 고치려 노력한다거나 상대방이 오해하고 있는 부분에 대해서 부드러운 화법을 이용해 설명하고 있는가? 아니면 그저 상대방이 나를 질타하는 소리 자체가 듣기 불편하고 참을 수 없어 회피하거나 맞받아치는 행동을 하진 않는가? 하고 말이다. 여러 가지 사건들을 떠올리며 나를 좀 더 객관적으로 들여다 볼 필요가 있다.
혹시라도 상대방의 말을 무턱대고 거부하고픈 내가 발견되었다면 이제부터 상대방의 말이 아닌 그가 궁극적으로 그 말을 통해 내게 전달하려고 하는 목표, 욕구가 무엇인지에 집중하길 바란다.

실천 난이도(약) 이미지 훈련

인생을 살아오며 가장 행복했던 때를 떠올려라. 어떤 근심 걱정도 그때를 떠올리면 한꺼번에 사라져 버리는 마음속 천국 같은 존재를 하나씩 갖고 있으면 좋다. 가끔은 내 힘과 의지만으로는 바꿀 수 없는 것들이 있다. 그때는 힘들게 에너지를 소모할 것이 아니라 세상과 단절된 내 마음의 평화로 찾아가보는 것도 좋은 방법이 될 것이다. 드라마 주인공처럼 나만의 녹턴을 연주하자.

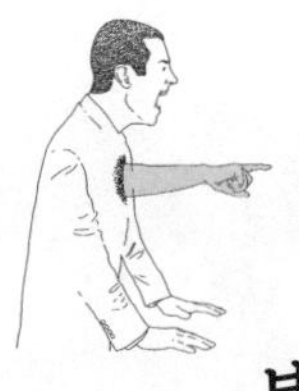

분노의 감정노동으로 쌓인 피로 회복법

당신은 지금까지 살아오면서 언제 가장 크게 분노했는가?

분노는 우리가 쉽게 떠올리는 소리를 지르거나 폭력을 행사하는 것을 가리키는 것만은 아니다. 알게 모르게 우리의 일상에서 분노의 상황은 참 다양하게, 그리고 자주 찾아왔을 것이다. 과잉분노도 문제이지만 내가 지금 분노 상태인지를 모르는 것도 문제다.

- 누군가가 나를 비판하는 말을 들었을 때
- 나의 의견을 반대할 때
- 약속에 늦었는데 차가 자꾸 신호에 멈추게 될 때
- 누군가 나를 배신했다는 생각이 들 때

- 헤어진 연인을 생각하며
- 친구가 약속을 어기는 순간
- 함께 입사한 동기가 먼저 승진할 때
- 원치 않는 모임에 억지로 참석할 때

이런 자잘한 모든 순간에도 우리는 은밀한 분노를 느끼고 있었던 것이다.

우리가 느낀 분노를 건강하게 처리하기 위해서는 내가 어떤 때 분노하는 사람인지, 그리고 내가 분노를 잘 느끼는지 못 느끼는지에 대해서 알아차림의 시간이 필요하다. 약한 감정의 분노라면 심호흡을 몇 번하고 하늘을 한 번 올려다보는 것으로도 분노는 조절될 수 있다. 하지만 강한 감정의 분노라면 내가 느낀 감정과 충족되지 않는 내면의 욕구, 그리고 왜곡된 생각의 존재 여부를 천천히 살펴야 한다. 일상에서 느꼈던 많은 분노들은 사실 상대방의 행동이 아닌 내 마음의 평화로움이 깨졌을 때 가장 강하게 반응하기 때문이다. 결국 내면을 살피고 대화하는 것에 대부분의 답이 숨어 있다.

건강한 분노를 위해 우리가 명심해 둘 것들이 있다. 사람마다 느끼는 분노의 정도는 모두 다르기 때문에 각자의 분노감정을 조절하는 키워드로 삼으면 좋을 것이다.

먼저 직장 안에서 우리의 분노를 키우는 것 중 하나가 '저 사람은 왜 저런 식으로 말(행동) 하는 거지? 꼭 저래야만 하는 걸까?'이다.

이런 나의 생각 중 '왜 저런 식'이라는 말에 집중해 보도록 하자. 그렇다면 그 사람과 반대의 방식이라면 좋은 행동일까? 사실 우리가 흔히 저지르는 오류 중 하나는 선악에 대한 너무도 명료한 기준을 가지고 있다는 점이다. 인간관계에서 선악의 정의와 기준은 사람과 그 상황에 따라 얼마든지 달라질 수 있다는 점을 인정해 보도록 하자. 더불어 이러한 선악의 기준이 나의 내면 규칙과 더해졌을 때 상대에게도 따르라고 강요하게 되며, 상대가 그것에 어긋날 때마다 마음에 분노의 씨앗이 자라남을 알아야 한다. 규칙의 범위를 넓혀서 지금보다 많은 여유와 너그러움을 키워보자.

그리고 그 너그러움을 상대방을 향해서도 한번쯤 비춰보도록 하자. 모든 사람의 행동은 겉으로 표현하지 않은 심리적 의미를 내포하고 있다. 나를 분노케 하는 상대방의 비합리적인 태도가 '왜, 언제, 어떻게, 무엇' 때문에 발생했는지에 대해 관심을 갖고 들어주자. 그러다 보면 직장 생활을 하는 내내 나를 괴롭혔던 고통스런 마음을 조금은 내려놓게 할 수도 있다. 그야말로 그 사람의 행동과 말이 아닌, 사연(story)에만 집중해 보는 것이다.

하루는 저소득층 아동 교육과 복지 지원 사업을 맡고 있는 한 지역 단체와 함께 저소득층 부모님들을 대상으로 감성코칭 교육을 하게 되었다. 시간이 거의 끝나갈 무렵 앞자리에 앉아서 교육을 잘 듣고 계셨던 아버님 한 분이 밖으로 나가셨고 그 분은 잠시 후 술에 취해서 교육장 안으로 다시 들어오셨다. 그리고 나를 향해 삿대질을 하며 "다들 말로는 그렇게 하지만 누구 하나 우리 같은 사람들이야기를 들어주는 줄 알아요? 강사님도 똑같을 것 아닙니까?" 라고 소리치셨다. 아버님은 무언가에 단단히 화가 나 보였고 그 노여움은 짧은 시간동안 만들어진 것이 아니라는 게 느껴졌다. 교육을 주최했던 단체의 담당 선생님께서는 혹시나 술이 취한 아버님께서 내게 해코지라도 할까봐 빠른 속도로 단상으로 올라오셔서 기자재를 끄고 이만 마쳐도 좋다는 말씀을 해 오셨다. 하지만 나는 괜찮다며 거부했고 그 아버님과 대화를 이어갔다. 물론 그 상황에서도 다른 부모님들이 언짢은 기분이 들지 않도록 "아버님께서 화가 많이 나신 것 같으니 우리 같이 한번 들어봐요." 라는 말을 해 주었다. 그리고 나는 말을 이어갔다. "아버님의 이야기를 잘 들어주지 않는 것 같아서, 무시당하는 것 같기만 해서 많이 언짢으셨던 거죠? 표현해주셔서 고맙습니다." 그렇게 아버님과의 짧지만 강했던 대화가 시작되었고 아버님은 내 이야기를 천천히 다 들어주셨다. 비록 행동이 거칠고 나를 불쾌하고 당혹스럽게 만드는 상대방일지라도 그를 그렇게 행동하게 만든 사연은 반드시 존재한다.

분노는 두려움, 불안과 함께 같은 방에서 자란 형제 같은 녀석이다. 인간관계 영역의 확장, 주어진 과제 해결, 원하는 것을 충족시키는 것에서 해소되지 못한 불안 요인들이 내 분노의 시작이 되는 것이다. 기본적으로 감정노동의 상황에서는 개인의 가치를 제대로 평가받지 못하거나 오히려 그 가치를 떨어뜨리는 상대방의 말과 행동이 분노를 유발하는 요인이다. 심한 분노는 나의 일에 대한 몰입을 방해하거나 분노를 유발시킨 사람에 대한 공격성이 그 상대방이 나 타인 또는 물건 등에 행동화되어 표출되기도 한다. 물론 이런 상황에서는 제대로 된 인간관계를 기대하는 것이 그저 희망일 뿐일 수도 있다.

흔히 '종로에서 뺨 맞고 한강에서 눈 흘긴다.'는 속담을 통해 설명되는 치환이라는 방어기제가 있다. 감정노동을 유발시킨 상대방이 권력을 가진 사람일 경우 나보다 심적 서열이 낮은 부하나 후배 또는 배우자나 자녀들을 향해 자신의 상한 감정을 표출하는 경우이다. 이것은 제2의 감정노동을 만들어내는 행동이 될 수 있다. 대상의 바뀜 없이 최초 유발자에게 내 감정을 올바르게 전해야만 진짜 문제가 해결될 수 있다는 점을 명심해야 한다.

'분노'를 극복하는 TIP

1. 4-7-8 심호흡을 한다.
   하버드 의대 출신인 앤드류 와일 박사가 개발한 478호흡법은 4초간 코로 숨을 들이마시고, 7초간 참았다가 8초간 숨을 끝까지 뱉어내는 것을 반복하는 것이다.
2. 햇빛 아래에서 하루 15분 이상 걷기 운동을 한다.
3. 저작근을 자극해 두뇌활동에 도움이 될 수 있도록 딱딱한 음식(견과류,오징어,껌 등)을 씹도록 한다.

위 3가지 방법은 행복전달 물질로 잘 알려진 호르몬 '세로토닌' 분비를 촉진시켜 주는 방법으로 긴장 완화에도 도움이 된다.

3장

슬픔

/ 내가 한 없이 보잘 것 없는
존재로 느껴질 때

소모한 나의 노동력_ **슬픔**

원인 | 아무것도 할 수 없을 것 같은 막막함. 좌절감.

속마음 | "다른 사람들은 다 발전하는데 혼자만 그대로 멈춘 것 같아 우울해."

"이제 더 이상 나의 도움을 원하지 않아."

"버림받은 것처럼 비참하다."

"모든 것이 나 때문이야. 나만 없어지면 돼."

나그네

詩 김선규

등 기대고
쉴 벽 하나 있었으면
좋으련만

발 뻗고
누울 바닥 하나 있었으면
좋으련만

손 뻗어
잡을 사람 하나 있었으면
좋으련만

귀 열어
들을 소리 하나 있었으면
좋으련만

뭐가 그리 높아서
뭐가 그리 깊어서
뭐가 그리 멀어서
뭐가 그리 막혀서

쉴 곳도
누울 곳도
잡을 사람도
들을 소리도 하나 없이

뜬 구름 따라 왔다
뜬 구름 따라 간다

no. 1

'낙심'으로 감정노동 중인 당신에게

난 지금 뭘 하고 있는 걸까?

:: 사례

대학에서 기계설계를 전공했던 영숙 씨는 건축 회사의 설계팀으로 취직이 되어 근무하게 되었다. 영숙 씨가 일을 시작한지 얼마 되지 않아 지사의 설계팀이 서울 본사로 근무지를 이전하게 되었고, 한 사무실에 설계 담당자가 불필요하게 두 명이 되는 상황이 발생했다. 자연스럽게 둘 중에 신입이었던 영숙 씨는 상사와 선배들의 일을 도와주는 것과 사무실 청소, 커피 타기, 잔심부름 등을 하는 직원으로 전락해 버리고 말았다. 모두가 바쁘게 업무처리를 하는 사이에서 영숙 씨는 어떤 일을 해야 할지 몰라 헤매는 일이 반복되었고 급기야 한 명의 상사로부터 "나는 여자랑 일하기 진짜 싫다." 라는 말까지 듣게 되었다. 정해진 소속과 팀이 없다보니 항상 사람들 사이에서 겉도는 느낌이었고 같은 팀원으로 생각해주지 않는 동료들에게도 서운한 마음이 커져만 갔다. 나름 전문직으로 취업을 했다고 생각했는데 이런 일들을 겪고 나니 스스로 자괴감이 들어 겉으로는 평온한 것처럼 웃고 지내지만 속마음은 매일 울고 있었다. 그래도 그만두지 못했던 이유는 '이대로 더 좋은 곳에 취직할 수 있을까?'하는 불안감 때문이었다고 한다.

나도 위 사례의 주인공과 비슷한 경험이 있다. 나는 1999년 IMF 때 대학을 졸업했다. 지방대를 졸업한 후 미래에 대한 불안이 컸던 나는 계약직으로 근무한 뒤 정규직으로의 전환을 제시했던 모 기업에 곧바로 취업을 결정지었다. 약속대로 취직한지 2개월 만에 정규직 전환이 되었고 비교적 안정적인 직장생활이 유지되고 있었다. 급여나 복지도 나무랄 것이 없었지만 한 가지 불만족스러웠던 것이 있었다. 그 당시 내가 맡았던 일은 대학시절에 쭉 기대하고 상상했던 영화 속 커리어우먼이 하는 일과 다소 거리가 있었다. 그렇다 보니 매일 출근하는 것이 곤혹스럽기만 했다. 이것은 내 기대치에 그다지 관심이 없었던 타인들은 모르는 그저 내 안에서 혼자 하는 감정노동이었다. 결국 나는 1년 만에 그 직장을 그만 두게 되었다. 그

곳에서의 내 역할이 내가 정한 기대만큼 따라오지 못한다고 스스로 판단했던 것 같다.

우리는 인생을 사는 동안 미래에 대한 막연한 기대와 꿈을 그리며 살아간다. 그 기대와 현실이 일치될 때 희열과 만족감을 느끼지만 그렇지 못할 경우 실망하고 좌절하게 된다. 그 실망한 감정을 회복하기 위해서는 내가 활동하는 환경을 바꿔주는 것이 가장 좋은 방법이겠지만, 현실은 내가 원한다고 곧바로 바뀔 수 있는 것이 아니다. 환경과 타인이 바뀌기는 어려우니 나를 바꾸는 것이 그보다는 수월할 것이다.

위협당하는 자아 존중감

심리학에는 자아 존중감과 공적 존중감이라는 용어가 있다. 특수교육학 용어사전을 보면 자아 존중감은 자기 자신을 가치 있고 긍정적인 존재 또는 부정적인 존재로 평가하는 개념이라고 되어있다. 즉 내 스스로 나를 얼마나 높게 생각하는지 혹은 낮게 생각하는지가 반영된 것이라 보면 쉬울 것이다. 이와 반대로 공적 존중감은 타인이 나를 얼마나 높게 혹은 낮게 생각하느냐가 반영된 것이다. 자아 존중감이 높은 사람은 그에 타당한 공적 존중감을 기대하게 된다. 또 그것이 자신의 기대만큼 채워지지 않을 때 극심한 스트레스를 받기도 한다. 퇴사나 이직을 원하지만 그러지 못하고 직장에 남아 여전히 자신이 기대한 업무 수준에 못 미치는 일들을 감당하며 영숙 씨는 스스로에게 실망하고 낙심했을 것이다. 그리고 그 원인이 나에게 일다운 일을 맡기지 않는 회사의 업무분장 방식과 팀원으로 나를 세워주지 않는 상사의 탓이라고 생각하게 될 것이다. 영숙 씨는 자신의 선택과 의지와는 상관없이 그저 피해자가 된 것만 같아 억울하고 분한 감정마저도 들 것이다. 거기에다 불안한 미래에 대한 마음이 다시 감정노동을 하게 만들고 그 속에서 영숙 씨의 자아 존중감은 끊임없이 위협당하게 되는 것이다.

여기에서 우리가 놓치지 말고 점검해봐야 할 것이 있다. 영숙 씨가 하는 감정노동의 원인은 백퍼센트 직장의 환경과 상사 때문일까? 만약 그렇다면 영숙 씨는 결단을 내리고 아쉽지만 퇴사를 선택해야 할 것이다. 모든 선택에는 주어진 것을 다 취할 수 없기에 발생하는 안타까움이 동반되는 것이 진리이다. 그리고 이 정도의 감정 지불만으로 감당할 수 있는 것이라면 영숙 씨의 퇴사 결심은 손상된 자아 존중감을 회복시켜 줄 것이다. 하지만 영숙 씨에게 놓인 저런 상황들이 영원한 것이 아니라면 상황은 달라진다. 회사에서도 갑작스런 조직개편으로 인해 내부 점검이 되지 않아 잠시 혼돈스러운 것이라면, 또는 이러한 상황이 추후 충분히 바로 잡힐 수 있는 여지가 있는 부분이라면 지나가는 잠깐 동안의 불편한 감정일 수도 있지 않을까?

물론 여자와 함께 일하는 것이 싫다는 부분을 여과 없이 드러낸 상사의 말이나 영숙 씨를 팀원으로 챙겨주지 않았던 동료들의 태도는 실망스럽고 서운할 것이다. 그리고 아마도 업무 분장보다는 이러한 동료들의 태도에 더욱 크게 실망하고 서운함이 있었을지도 모른다. 영숙 씨는 직장 안에서 자아 존중감과 더불어 공적 존중감마저도 기대에 미치지 못해서 낙심이 클 수밖에 없었을 것이다.

고통을 감당한다는 것은 곧 성숙이다

나는 전 직장에 경력직으로 입사를 했다. 이직을 하며 나는 내가 맡게 될 업무와 회사 내에서의 위치에 대해 나름 기대한 그림이 있었다. 그런데 처음 입사했을 때 나에게 주어진 일들은 우수 판매점을 돌며 판매사원들과 고객들을 관찰하고 보고서를 만들거나 가끔은 설문지를 받아오는 일이었다. 물론 내가 신입사원이라면 이런 활동들을 큰 반감 없이 받아들였을 것이다. 하지만 나는 그 당시 말 그대로 경력을 인정받고 입사하지 않았던가. 회사 측의 업무 지시를 이해할 수 없었고 그런 시기가 길어질수록 나의 자아 존중감은 심하게 손상되는 느낌이었다. 그럼에도 불구하고 버텼던 이유 중 하나는 심리적 매몰 비용이라고 하는 심적 투자에 대한 손해를 보고 싶지 않다는 마음이 컸기 때문이었다. 스스로 선택한 감정노동인 것이다. 하지만 시간이 흐른 뒤 나의 생각과 감정은 많은 부분에서 달라지기 시작했다. 그때 이후 내게 맡겨진 일은 현장을 알지 못하면 해낼 수 없는 일들이었으며 입사 후 힘들게 차를 타고 다니며 경험했던 판매 현장의 사례들이 이후 일처리를 할 때 굉장한 도움이 되었던 것이다. 우리가 흔히 듣게 되는 이유 없는 고통은 주어지지 않는다는 말을 실감할 수 있었다. 이렇게 생각이 바뀌자 업무에 대한 못마땅함에서 비롯됐던 감정노동은 내가 열심히 처리해야 할 타당한 일들로 바뀌어 있었다.

우리는 꼭 직장이 아니더라도 어느 곳이든 새로운 환경과 사람에 적응하는 과정에서 불편함, 두려움, 실망감, 걱정, 불안감 등과 같은 다양한 감정들을 느끼게 된다. 그리고 그 시기를 보내는 과정에서 타인에게 모든 것에 만족한 듯, 괜찮은 듯 가면을 쓰고 대해야만 한다. 이때 자아 존중감이 높은 사람은 스스로에게 실망하고 우울함에 빠지거나 자괴감에서 헤어나지 못하는 것이다. 이들이 안정을 찾는 방법은 환경이 원하는 대로 빠르게 바뀌는 것이다. 이것은 사실 개인의 힘으로 좌지우지할 수 있는 부분은 아니다. 하지만 영숙씨가 겪었던 상사와 동료들로부터의 따돌림 아닌 따돌림에 대한 상황은 그녀의 노력으로 어느 정도 바꿀 수 있지 않았을까?

새로운 환경 속에 들어간 나도 그 상황이 참으로 불편하지만 새로운 사람을 받아들여야 하는 사람들도 불편하기는 마찬가지일 것이다. 이런 경우 사람들은 신입으로 들어온 사람이 먼저 적극적으로 자신을 알리고 친해지기 위해 노력해 줄 것을 바라고 있는지도 모른다. 하지만 타고난 성격이 외향적이지 못해 먼저 '안녕하세요?', '식사 같이 할까요?' 라는 일상의 대화조차 하는 것이 힘든 사람도 있다. 혹은 타인과 관계를 맺는 것을 필요 없는 에너지 소모로 해석하는 사람들은 이런 일상의 대화를 오지랖이나 잘 보이기 위한 아첨 정도로 해석하고 그렇게 행동할 수밖에 없는 자신을 비굴하게 여기며 스스로를 감정노동의 덫으로 몰고 가는 것일 수 있다.

사회적 가면 쓰기

예전 직장에서 우리 부서에 신입사원 한 명이 배치되어 들어온 적이 있었다. 그 친구는 출근을 하면 제일 먼저 부서장이 출근했는지를 확인한 후 만약 출근을 한 경우라면 책상 앞머리까지 걸어가 큰 목소리로 "부장님 안녕하십니까?" 라고 매일 인사를 했다. 그 목소리와 표정에서 자신감과 더불어 밝은 에너지가 느껴져 바라보는 입장에서도 매우 유쾌하게 느껴졌다. 그리고 그런 신입사원의 태도에 대해 부서원들이 모인 자리에서 다 같이 칭찬을 해줬다. 그러자 신입사원은 감사하다며 혹시나 선배님들이 별난 친구라고 판단하여 부서 내에서 나쁜 이미지로 낙인찍히면 어쩌나 하는 걱정을 조금 했다는 속마음을 내비쳤다. 신입사원은 굉장히 자신감 있어 보였고 타고난 성격이 외향적일 거라고 생각했는데 마찬가지로 약간의 걱정과 염려가 동반된 감정노동을 하고 있었던 것이다. 이런 경험은 그에게 공적 존중감과 더불어 자아 존중감도 높여주는 좋은 계기가 되었으리라 짐작한다.

이렇듯 입사나 전근, 부서 이동 등과 같이 새로운 환경에 적응해야 하는 경우라면 약간의 감정노동을 일련의 과정으로 받아들일 수 있는 심리적 여유가 필요하다. 그러려면 개인이 가지고 있는 고정된 생각의 틀인 '~해야만 한다.' 라는 내면 규칙에 오류는 없는지 분석해 보아야 한다.

예를 들자면,

- 상사에게 친밀감을 드러내는 것은 비굴한 행동이다.
- 신입은 의견을 자유롭게 말하면 안 된다.
- 상사를 칭찬하는 것은 아부다.
- 모른다고 말하는 것은 모자란 행동이다.
- 무슨 일이 있어도 상사보다 먼저 퇴근해서는 안 된다.

이와 같은 생각들이다. 혹시 나의 내면 규칙에 이런 당위성을 내포한 명제가 자리 잡고 있다면 사회생활을 하는 내내 극심한 감정노동의 후유증에 시달릴 수도 있다. 단순하게 인간관계에서 상대에 대한 어느 정도의 칭찬과 지지, 격려는 그를 성장시키는 원동력이 되고 친밀감 형성을 위한 정서적 교류가 될 수 있다는 식으로 가능성을 열어둔다면 훨씬 편하게 타인에게 접근이 가능해질 것이다. 그럴 경우 자신의 행동을 감정노동이라고 판단하지도 않게 된다. 물론 다른 사람의 눈살을 찌푸리게 할 정도의 아첨이라면 문제가 되겠지만 새로운 환경에의 적응을 위해 상대방에 대한 관심의 표현 정도라면 관계를 맺는데 좋은 윤활유 역할을 해 줄 것이다. 편하게 인간관계에 필요한 기분 좋은 매너라고 해석할 수 있어야 하며 감정을 속이는 가면이 아닌 타인과 더불어서 살아가는데 필요한 사회적 가면으로 받아들일 수 있어야 한다.

실천 난이도(강) 떠나는 것도 답이다

적응해야 하는 환경이 도저히 극복할 수 없을 정도로 형편없는 상태이거나, 의도적으로 동료들이 나를 따돌림하는 것이 목격되었는가? 그리고 그것으로 인해 나의 자아 존중감이 바닥을 치고 건강까지도 해칠 수 있는 정도라면 피하는 것도 때로는 답이 될 수 있을 것이다.

실천 난이도(중) 객관적으로 분석해라

새로운 환경에서 누구나 겪게 되는 요소인지 냉정하게 따져서 확인해 보길 바란다. 나만의 고정된 내면 규칙으로 인해 일반적인 인간관계 속에서 편하게 주고받을 수 있는 대화마저도 아부나 비굴한 행동으로 해석하고 있는 것은 아닌지 점검할 수 있어야 한다. 어느 정도 불편을 감당하고 인내한다는 것은 성숙한 태도라고 자신을 격려하는 것도 좋은 방법일 것이다.
사람과의 관계 맺기와 관련하여 '~해야만 한다.'로 시작되는 나의 내면 규칙 리스트를 작성해 보도록 한다.

내면 규칙 관찰하기

내면 규칙 (~해야만 한다)	내면 규칙이 발동되는 순간 느끼는 감정	가능성 열기
타인 앞에서 우는 것은 나약한 행동이다.	불안함, 답답함, 낙심함, 비참함, 슬픔	- 힘들 땐 울어도 된다. - 우는 것을 비난하는 사람은 없다. - 우는 것은 나쁜 행동도, 나약한 행동도 아니다.

실천 난이도(약) 공적 존중감 높이기

신입으로 입사한 사람에게 곧바로 자아 존중감을 만족시킬만한 환경이 주어지지는 않을 것이다. 이럴 경우 역으로 공적 존중감을 높여서 자아 존중감도 함께 높일 수 있는 방법들을 실천해 보자. 상사나 선배가 지시하지 않았는데도 먼저 일을 찾아서 하거나 아침 출근 때마다 큰소리로 인사를 하는 방법 등이 이에 속할 것이다. 상사와 선배들로부터 받은 인정과 칭찬은 나의 자아 존중감을 높여주며 감정노동의 굴레에서 조금은 빠져 나올 수 있도록 도울 것이다.

no. 2

'실망감'으로 감정노동 중인 당신에게

섭섭하지 않다는 거짓말

내가 진행하는 공개과정 수업에 참여했던 한 여성분의 이야기다. 그날은 그 여성이 남편과 만난 지 OOO일째(정확히 기억이 나질 않는다) 되는 기념일이었다. 남편은 이런 기념일을 챙기는 것에 굉장히 능숙한 사람이었다고 했다. 하지만 그날은 웬일인지 아침에 남편에게서 아무런 액션이 없었다며 실망스러운 마음을 감추지 못했다. 그래서 나는 그녀에게 먼저 연락을 해서 오늘 기념일인걸 알고 있는지 물어보면 되지 않느냐고 말했다. 하지만 그녀는 그것은 자존심 상하는 일이기 때문에 그냥 기다려 볼 것이라고 했다. 그녀는 점심시간이 될 때까지 남편의 연락만을 기다리며 계속 휴대폰에서 눈을 떼지 못했고 결국 내가 알려준 대로 남편에게 문자 메시지를 보내기로 했다. 그러자 곧바로 남편에게 연락이 왔다. 남편은 당연히 기념일을 알고 있으며 따로 준비한 이벤트도 있으니 기대하라는 것이었다. 다만 업무가 너무 바빠서 연락을 미리 못했다며 미안하다고 전해왔다. 그녀는 그때부터 기분이 다시 좋아졌는지 수업에 가장 열심히 참여해 주었다.

내가 바라던 부분이 뜻대로 이루어지지 않을 때 우리는 실망을 하게 된다. 하지만 그 실망감은 충분히 희망적으로 되돌릴 수 있는 감정이다. 특히 가까운 관계의 누군가에게 실망을 했을 때 자존심을 지키며 감정노동의 늪에 빠지기보다는 서로의 희망이 일치하는 것에 초점을 맞추어 이야기한다면 의외로 간단히 해결할 수도 있다. 하지만 이것이 직장에서 업무능력에 대한 기대, 협조에 대한 기대 등 업무적인 부분과 연계되어 발생한 경우 그 실망감을 내비쳤을 때 상대방이 느끼게 될 감정과 상처, 그리고 나에 대한 호감도에 미치게 될 영향을 먼저 생각하다보니 조심스러워질 수밖에 없다. 그리고 쿨한 사람이 되기 위해 가면을 쓴 채 살아가야만 한다.

:: 사례

한 노조에서 일하는 진수 씨는 직장에서 분쟁이 일어나면 항상 제일 먼저 현장에 도착해 노조 현장을 지휘하고 있다. 직원들의 불만이 무엇인지, 원하는 타협점이 어떤 것들인지를 충분히 듣고 그들의 직장 내 복지와 삶의 질 향상을 위해 애쓰느라 정작 자신의 가정은 돌보지 못하고 10일 이상씩 현장에서 노숙 생활을 하는 일이 비일비재하다.

비록 몸은 피곤해도 진수 씨의 도움을 감사히 생각하며 인사를 건네는 직원들의 표정을 보면 그 피곤함은 금세 사라지곤 한다. 하지만 때때로 그들이 원하던 결과가 빨리 합의되지 않으면 불만에 찬 목소리로 진수 씨를 공격해오곤 한다. 진수 씨는 사실 그들의 가벼운 의지에 화가 나고 실망스럽지만 내색 한번 하지 못하고 언제나 미소로 담대한 마음인 척 그들을 대해야만 한다. 그런 식으로 긴 싸움이 끝날 때까지 어린아이 어르듯이 다독이며 함께 한다.

진수 씨는 타인이 볼 땐 의지에 찬 당당한 모습으로 살아가고 있지만 이렇게 내부적으로 공격을 당할 때면 자신의 가족에게 미안한 마음이 들면서 과연 이것이 누구를 위한 것인가 싶어 허무하기만 하다.

때로는 내게서 답을 찾아야 한다

진수 씨에게 누구든 한 명이라도 "고생이 많으세요. 이렇게 오래 나와서 생활하시면 가정이 엉망이겠어요. 어때요?" 라고 물어봐 줬다면 그는 어쩌면 일에 대한 허무함도, 사람에 대한 실망감도 느끼지 않았을 것이다.

하지만 대부분의 사람들은 내 것이 먼저이지 너의 것을 걱정해

주지 않는다. 그런데 아이러니하게도 진수 씨가 하는 일을 살펴보니 물론 노조라는 특수성을 무시할 수는 없지만 너의 것을 걱정하고 또 너의 것을 위해 자신의 시간을 투자하는 일의 성격을 상당 부분 가지고 있다. 도를 닦은 분들을 제외한 보통의 우리들은 너를 위해 내가 무엇인가 해 주었다는 생각을 하게 되면 상대로부터 그에 따른 보상을 받고 싶은 마음을 자연스레 갖게 되는 것 같다.

나는 2012년부터 무료 힐링 캠프 '소스 나눔 MT'를 진행하고 있다. 위로와 공감이 필요한 일반인들의 신청을 받아 하루 또는 1박 2일 동안 나의 내면을 들여다보고 상처를 치유할 수 있도록 도와주는 힐링 여행이다. 그리고 이때 들어가는 모든 비용은 내가 지불하는 형태여서 참가자들은 무료로 참여하는 프로그램이다. 나는 비록 짧은 시간이지만 참가자들에게 무엇을 느끼게 하고 치유시켜 줄지 정말 많은 고민을 해서 준비한다.

그런데 처음 시작하고 몇 회 동안은 참가자들이 나에게 고마워하는 마음이 없는 것만 같아 실망스러움을 떨칠 수가 없었다. 그리고 이런 불편한 감정이 올라올 때마다 내 스스로에게도 같은 실망을 했던 것 같다. 동기 자체가 그들을 위한 쉼 시간을 선물하는 것인데 왜 나에 대한 공치사를 바라는 것인지 부끄럽기만 했다.

나는 어쩌면 실망이라는 감정은 어떤 대상에 대한 열정이 만들어 낸 것이라는 생각을 한다. 무엇에 미친 듯이 나의 마음을 다하여 쏟아 부었지만 내가 기대한 만큼의 결과가 나오지 않았을 때 느껴지는 감정이라는 것이다. 기념일을 챙기지 못한 남편에 대한 실망일 경우 먼저 마음을 표현하는 것으로 풀렸지만, 진수 씨처럼 나름대로의 권위를 지켜야 하는 위치에 있는 사람들은 그 말을 꺼내는 것이 굉장한 스트레스로 다가온다. 그런 경우 놓치지 말고 나에게 해야만 하는 질문이 있다.

'나는 왜 이 일을 하고 있는가?'

'나는 무엇에 동기화 되었던 것일까?'

'내가 진짜 원했던 것이 무엇일까?'

나의 최상위 욕구를 만나는 것이다. 그리고 이것에 집중하는 것만이 자신의 기대에 대한 실망을 줄여줄 수 있는 열쇠라는 것을 나는 경험상 알고 있다. 진수 씨의 노고를 알아차려 주는 사람들이 있어준다면 더할 나위 없이 뿌듯할 것이다. 하지만 그렇지 않더라도 진수 씨는 스스로에게 질문을 해야 할 것이다. 내가 그랬던 것처럼 말이다.

숨은 욕구 찾기

사람의 욕구는 감정만큼이나 다양하다. 심리학자 매슬로우는 욕구위계설에서 욕구를 하위 개념의 생리적 욕구에서부터 상위 개념인 안전의 욕구, 애정의 욕구, 인정의 욕구, 자아실현의 욕구로 나눠 설명했다. 사람마다 무엇에 가치를 두고 있느냐에 따라 어떤 이는 하위 개념 욕구에 대한 의지가 강하며 어떤 이는 상위 개념 욕구의 실현을 위해 강하게 반응하기도 한다. 그리고 삶의 순간순간 이 욕구들을 스스로 관찰하고 읽어주지 않는다면 내가 어떤 욕구에 대한 집착이 강한 사람인지 전혀 알지 못하고 살아가는 경우가 많다.

세미나에 참여했던 한 어머니는 자신을 위한 휴식의 욕구가 크다고 했다. 쉼의 시간이 늘 부족한 이유 중 하나로 중학생이 된 자녀를 매일 코칭 그룹에 인도하는 일을 말해주었다. 자녀는 3명의 친구들과 함께 그룹 코칭을 받고 있는데 학교가 끝난 후 이 4명의 아이들을 학교에서 픽업하여 코칭 장소까지 항상 데려다 주고 있다고 했다. 처음에는 고마워하던 딸 친구 엄마들이 이제는 당연히 이 어머니가 하는 일로 받아들이는 태도도 굉장히 서운하고 실망스럽게 느껴진다는 말을 했다.

우리는 바라는 욕구가 충족되지 않았을 때 강한 스트레스를 느낀다. 그래서 스트레스를 줄이기 위해 어떻게든 욕구를 충족시킬 수 있는 액션을 취해야만 하는 것이다. 휴식이 필요했던 이 어머니는 자신이 할 액션으로 다른 친구 엄마들에게 아이들을 이동시키는 일을 주단위로 돌아가면서 하자고 말하는 것을 택했다. 그러나 어찌된 일인지 그 순간 이 어머니는 자신의 마음속에 있었지만 미처 알아차리지 못했던 또 다른 상위 욕구 하나를 찾아냈다. 그것은 아이의 안전과 돌봄에 관한 욕구였다. 자신의 아이가 안전하게 코칭 장소로 들어가는 것을 눈으로 확인해야만 본인 마음이 편안해 진다는 것이었다. 그래서 나와 어머니는 다시 실천해야 하는 액션을 찾았다. 그것은 지금처럼 그대로 본인이 아이들을 이동시키는 것이었다.

이 어머니에게 놓인 현상은 아무 것도 바뀐 것이 없었다. 단지 자신이 왜 그 일을 하고 있고 또 해야만 하는지에 대해 스스로 당위성을 부여받았을 뿐이다. 그것만으로도 이 분의 마음은 깃털처럼 가벼워졌다.

나 또한 그랬다. 무료 힐링 캠프를 통해 내가 충족하고자 했던 욕구는 기여와 나눔이었고 난 그것이 전부라고 생각했었다. 하지만 참가자들에게 뭔가 서운함과 실망감을 느꼈고 나는 내 안에 숨은 다른 욕구를 찾는 데 집중해야 했다. 그것은 바로 소통과 소속감에 대한 욕구였다. 그래서 참가자들과 함께 이야기를 나누는 밴드를 개설했고 자주는 아니지만 만남을 유지하며 난 잠시나마 느꼈던 실망감과 서운함을 내려놓을 수 있게 되었다.

만족의 주체는 나

당신이 선택한 일, 당신이 현재 하고 있는 일에 얼마나 만족하는가?

직업에 대한 만족을 결정짓는 가장 중요한 요소는 개인과 직업의 부합이라고 한다. 누구나 선호하는 좋은 직업이라고 해서 모두가 만족하는 것도 아니며, 역량이 우수한 사람이라고 해서 어느 직업에서나 그 탁월함을 인정받는 것은 더더욱 아니다. 그야말로 자신이 가치 있다고 느끼는 일에 몰입도가 좋아지면 그것이 우수한 성과와 만족도로 연결될 수 있고, 이는 다시 직업에 대한 일체감과 충성심을 향상시켜 직업 몰입을 좋게 만드는 요소가 되는 것이다.

이렇듯 직업에 대한 만족도가 높은 사람들이 가지고 있는 공통점이라면 자신이 맡은 일에 대한 개인의 해석이 매우 긍정적이라는 점이다. 그것은 다른 말로 직무에 대한 태도, 기대, 능력, 정서 등이 높다는 이야기이기도 하다.

직무상 실망감이 큰 사람은 앞서 말한바와 같이 기대가 높기 때문일 수도 있다. 실망의 근원지가 정말 '너'인지 아니면 너를 보며 실망하고 있는 '나'인지를 구분할 수 있어야만 한다. 근원지가 너라면 나의 욕구를 상대방에게 오해 없이 전달하는 방법으로 감정노동의 스위치를 꺼야 한다. 하지만 근원지가 나라면 현재 나의 심리적 상태를 체크해야만 한다.

혹시 과잉된 열정으로 에너지가 모두 소진된 상태는 아닌지, 신체의 피로로 인해 쉼이 필요한지, 정서적 소통을 통해 힘을 낼 수 있는 지지와 응원이 필요한 시기인지 살펴야 하는 것이다.

나는 내가 살아가는 일상 속 부모, 남편, 형제, 아이, 동료와의 관계에서 발생하는 감정적 문제와 교육 때 만났던 수많은 사람들이 들려 준 이야기 속에 얽혀있는 감정적 문제를 해결할 열쇠는 결국 타인이 아니라 내가 쥐고 있다는 것을 경험을 통해 알고 있다.

내가 선택한 산업 강사라는 직업과 마찬가지로 진수 씨의 직업은 아무래도 개인의 의지가 강하게 발동되어 선택한 직업일 것이다. 이런 직업군에 있는 사람들은 특히 스스로에 대한 기대가 일반 조

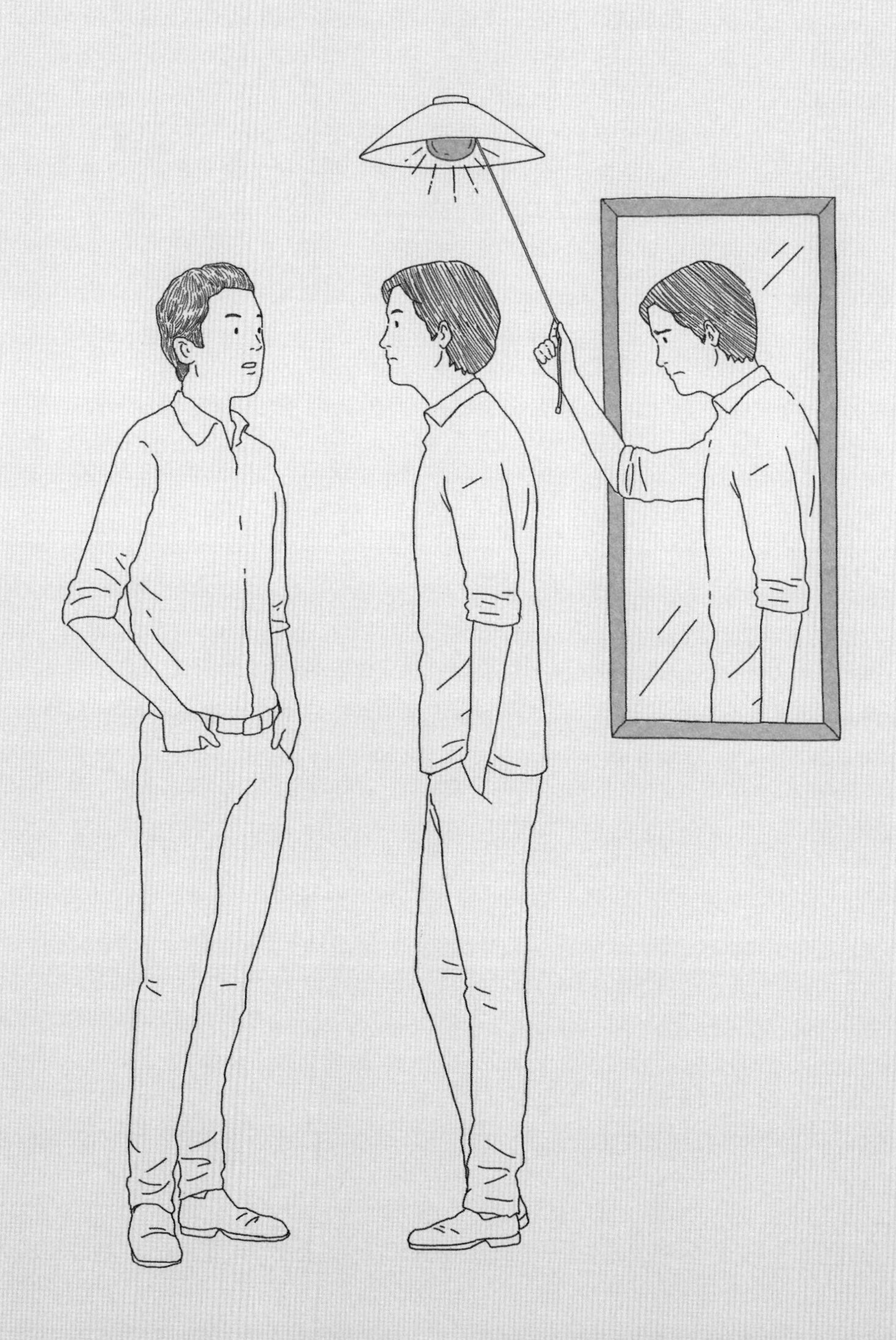

직에 속해 있는 직장인에 비해 높을 수밖에 없다. 그러기에 더욱 자신과의 대화를 게을리 해서는 안 된다. 내가 보람과 긍지를 느낄 수 있는 일을 선택하는 것도 중요하지만 그것을 통해 궁극적으로 추구하는 것이 무엇인지를 잊지 않는 것 또한 중요하다.

너의 가치가 아닌 나의 가치가 보람이 되어야 한다. 너의 말에 웃고 우는 것이 아니라 나의 심리적 만족에 따라 웃고 울 수 있어야 한다.

실천 난이도(강) 나와 대화하기

틈틈이 사색을 통해 나와의 대화에 도전해야 한다. 사색을 통해 나를 성찰하다보면 나의 자랑스럽고 만족스러운 모습만 보이는 것이 아니라 부끄럽고 실망스러운 모습도 발견하게 된다. 부끄럽고 실망스러운 모습이 왠지 멋져 보이지 않아 기억을 떠올리기를 멈추거나 그 모습이 만들어진 이유로 '너'를 지목하지 않기를 바란다. 온전히 지금 자신의 심리상태가 현재에 만족하고 있는지 질문하도록 한다. 즉 자신이 가진 마음의 재료를 더하거나 빼지 않고 있는 그대로 객관적으로 바라보는 자기직면(Self-confrontation)의 시간을 가져야만 한다.

실천 난이도(중) 진짜 원하는 것 찾기

감정의 소용돌이 속에서 자유롭지 않을 때에는 '내가 진짜 원하는 게 뭐지?'라는 질문으로 숨겨져 있던 상위 욕구가 있는지 찾아보도록 한다.

실천 난이도(약) 내 마음 먼저 전달하기

너로 인해 나의 감정이 뒤죽박죽되어 있다면 여전히 우리가 쓸 수 있는 방법 중 가장 좋은 답은 대화이다. 너에게 실망한 부분을 먼저 전달할 것이 아니라 내가 기대한 부분이 무엇인지, 그리고 너에게 기대를 할 만큼 내게 있어 너라는 존재 가치가 얼마나 큰지에 대한 설명을 충분히 해 주길 바란다. 그런 후 실망한 부분을 전달해도 늦지 않다.
"같은 목표로 함께 방법을 찾고 서로 지치지 않게 지지하고 격려해 줄 수 있는 사람들이 모여 있다고 생각했어요. 그리고 그 중 당신이 그런 역할을 가장 잘 해 줄 수 있는 사람이라고 생각했던 것이 사실이고요."
"제가 너무 큰 기대를 한 건가요?"
"그런데 당신에게 저를 탓하는 소리를 들으니 서운하고 조금은 실망스럽기도 해요."
(대화를 할 때는 상대방으로 하여금 호감도를 높이기 위해 부드럽고 상냥한 어투로 전달하는 것 또한 중요하다.)

no. 3

'우울감'과 '무기력감'으로 감정노동 중인 당신에게

어디까지 끌어안아야 할까

직장에서 감정노동에 시달리는 많은 사람들은 '을이기 때문에 어쩔 수 없다.', '기분 나쁘면 갑이 되어야 한다.'는 말을 자주 한다. 고용된 직원, 직급이 낮은 사원, 서비스직에 있는 사람이라면 어느 정도의 감정노동은 감수해야 한다는 말이기도 하다.

그런데 그거 아는가? 고용주이거나 직장 상사와 같은, 흔한 표현으로 갑의 위치에 있는 사람들도 감정노동의 현장에서 함께 괴로워한다는 사실 말이다.

:: 사례 1

개인 사업으로 작은 유통회사를 운영하는 박 사장은 요즘 고민이 많다. 6개월 전에 뽑았던 배송 직원이 그만두겠다는 말을 해 왔기 때문이다. 직원을 뽑을 때마다 새롭게 일을 가르치는 것이 힘들기도 하고 사실 비용적인 부분에 있어서도 손실이 클 수밖에 없다. 제대로 일을 가르쳐서 믿고 일을 쭉 맡기고 싶은 마음이 크다 보니 요즘은 직원들의 비위를 맞추기 위해 '취미 생활 챙기기, 집밥 만들어 먹이기, 여행 보내주기, 운전면허 학원 보내주기 등' 많은 것들을 해야만 한다. 그럴 때마다 왠지 주객이 뒤바뀐 것만 같고 꼭 이런 것까지 해 가면서 유지해야 하는지 요즘은 그저 답답하다. 때로는 이 모든 것을 그냥 모른척하고 싶은 생각도 크다.

:: 사례2

아동요리 지도사로 활동 중인 미란 씨는 요즘 후배들과 함께 하는 자리가 불편해서 견딜 수가 없다. 직장에서 팀장인 미란 씨는 이 일을 처음 시작하거나 현장 경험이 많지 않은 초보 지도사들이 전문가로 활동할 수 있도록 교육하는 일을 하고 있다. 물론 미란 씨가 가르쳐 주는 입장이기에 자료도 준비하고 새로운 아이디어도 공유하는 것은 맞다. 하지만 후배들 스스로 레시피를 개발하거나 새로운 프로그램 아이디어를 생각하면 좋을 텐데 너무 미란 씨를 의지하는 것만 같아 못마땅하고 섭섭하다. 한편으로는 너무 기대가 컸나하는 마음에 우울하기까지 하다. 더욱이 최근엔 어찌된 일인지 열심히 가르처 놓으면 퇴사를 한 후 개인 센터를 차려 활동을 시작하는 사람이 많아져서 일에 회의를 느끼기 시작했고, 퇴사를 막기 위해 후배들을 챙기는 것에 더 살뜰해져야만 하는 건지 고민스럽다. 이런 모든 것들이 오늘도 미란 씨의 감정을 가만 놓아두질 않는다.

이렇듯 직원이나 부하 또는 후배에 속하는 소위 을로 분류되는 계층이 직장 내 힘의 주도권을 잡고 있는 경우가 있다. 이는 주로 직원 채용에 있어 어려움을 겪고 있는 개인 사업자나 영세 사업장, 그리고 정서적 유대관계로 팀을 이루고 있어 상하 관계가 애매한 곳에서 발생한다.

그리고 그들은 부하나 후배에게 계속 무엇인가를 해 줘야 할 것 같은 강박에 시달려 괴로워 한다. 언제까지 이 짓을 해야 하는지 스스로 답을 내리지 못해 그동안 자신이 잘못 판단하고 행동한 것은 아닌지 자꾸만 후회가 되고 우울해지는 것이다.

∷ 사례3

어린이집을 운영하는 혜정 씨는 아이들을 위해 무엇을 해야 할지, 또 하지 말아야 할지 오늘도 고민이 많다. 그리고 소신껏 원을 운영하지 못하고 학부모의 요구에 의해 수동적으로 움직이며 자꾸 무기력해지는 것만 같은 마음을 무시할 수가 없다. 교실에서 아이가 넘어져서 다친 경우 아이의 부모님께 죄인이 되곤 한다. 아이 혼자 넘어져서 이마에 상처라도 나면 엄마는 “CT촬영 해 봐야 하는 거 아녜요? 선생님은 도대체 뭘 하고 있었기에 이런 일이 생기나요? 원생이 이렇게 많은데 아이들 안전이 걱정되네요."라는 말로 혜정 씨와 선생님들을 꼼짝 못하게 만든다. 설사 그런 일이 아이 혼자 화장실에 갔다가 일어나더라도 모든 책임은 원, 그리고 교사에게 주어지기 때문에 어쩔 수 없다. 이럴 때마다 혜정 씨는 "안전에 대해 다시 한 번 점검하고 아이들에게도 조심하도록 지도하겠습니다."라고 말은 하지만, 그 아이가 놀이터에서 뛰어 놀기라도 하면 교사는 아이를 덜 뛰게, 덜 자유롭게 놀게 해야 하는 지에 대해 의문이 생긴다. 요즘은 모든 면에서 자꾸만 위축되어 있는 자신을 발견할 때마다 몹시 서글퍼진다.

마음의 기대만큼 깊어지는 우울함

사람을 향한 마음의 크기는 아쉽게도 보이질 않는다. 때로는 그것이 장점이 될 수도, 약점이 될 수도 있을 것이다. 사례 속 세 사람의 우울함은 모두 직원이, 동료가, 아이가 잘 성장하기를 원하는 마음에서 출발한다. 내가 많은 것을 지원하지만 그것을 받아들이고 선택하는 것은 상대방의 몫이다. 많은 정성을 쏟았던 나의 행동이 상대에게 아무런 영향을 행사하지 못한다는 생각에 미치게 되면 사람은 누구나 힘이 빠지고 스스로를 무기력하다고 느끼게 된다. 특히 기대가 크면 그만큼 실망도 크다는 말이 있다. 그래서 때로는 스트레스의 주범이 사람 또는 물질에 대한 기대가 되기도 한다.

나는 일의 특성상 프리랜서인 강사들이 팀을 이뤄 교육을 준비하고 진행하는 경우가 많은 편이다. 이때 함께 하는 강사들은 나보다 나이가 어리고 경력도 짧은 편이다. 그러다 보니 나는 항상 그들이 스스로 다양한 부분에 관심을 갖고 노력해서 성장했으면 하는 기대가 있고, 그들은 내가 선배이다 보니 교육 자료를 만들거나 일정을 소화할 때 많은 부분에 도움을 주기를 바라는 마음이 큰 것 같다. 사실 나의 마음속에는 음식이 어디 있는지까지만 알려주면 되지 그것을 내가 직접 숟가락으로 떠서 입에 넣어주면 안 된다는 생각이 짙었다. 하지만 후배들의 생각은 그 반대였다.

그러던 중 사건이 발생한 것이다. 어느 날 교육 계획을 하면서 나는 가장 막내 강사에게 가이드라인의 힌트만 살짝 준 상태에서 일을 해 보라고 권했다. 하지만 그 강사에게는 그런 나의 말이 다소 강압적으로 들렸고 아직 해당 분야를 잘 모르는 자신에게 너무한다는 생각을 했다는 것이었다. 서로에 대한 기대가 다름에서 생긴 불편한 감정의 기류였고 서로에게 서운한 마음의 표현이었다. 물론 우리는 감성코칭 전문가들답게 바로 그 자리에서 마음을 확인하고 감사함을 찾아냈다. 하지만 일반적으로 서로에 대한 기대의 차이에서 오는 불편한 기류가 지속될 경우 한쪽은 짜증이, 또 다른 한쪽은 알아주지 않는 속상함이 깊어질 수 있을 거란 생각을 한다.

산업심리학자 루소(Rousseau)는 직장조직과 구성원 간에는 서로에 대해서 문서화되지 않은 암묵적인 기대를 가지고 있다고 주장했고 이것을 심리적 계약이라고 불렀다.

일반적으로 직장의 책임자들은 직원들에게 시간 외에도 열성적인 근무, 회사에 대한 충성심, 분담된 역할 외에 과제에 대한 자발적 참여, 회사의 업무 방침에 대한 수용 등을 기대한다. 반면 직원들은 직장과 상사에게 높은 임금, 업무수행에 근거한 공정한 승진과 급여, 기술 향상을 위한 교육과 경력개발의 기회 제공, 복지 혜택 등을 기대한다. 그리고 두 집단의 이러한 기대는 암묵적인 것이다 보니 개인의 유형에 따라 파악하는 정도 및 실행도가 다를 수밖에 없다. 그리고 바로 그 부분에서 불편한 심리적 기류가 형성되는 것이다.

나의 기대를 알아차리지 못하는 상대를 보면 답답하거나 속상할 수밖에 없다. 그리고 혜정 씨처럼 더 이상 해 줄 것이 없다고 생각하는 순간 닥쳐오는 우울함은 나를 아무것도 할 수 없는 무기력한 사람으로 만들어 버리기도 한다. 또한 '내가 말하지 않아도 알아서 파악하겠지. 그리고 그 정도 연차라면 파악해야 하는 것 아냐?' 라고 생각하는 순간, 마음을 알아주지 못하는 상대방이 괘씸하게 느껴지고 매사 그의 행동이 탐탁지 않아 작용하는 짜증이 이성적 사고를 방해해 버리기도 한다.

그러나 우리는 서로 다른 감성을 지닌 사람들이고 상대방의 감성을 모르는 것은 어쩌면 당연한 것이다. 모르면 물으면 될 것이다. 모르는 그를 나쁘다고 폄하하거나 나를 자책하여 우울해질 필요가 없는 것이다.

직장은 공통된 목표와 그것을 위한 업무수행 때문에 구성된 사람들의 조직이며 인사 구조는 규모나 직장특성에 따라 매우 다양하다. 하지만 대부분 직장의 인간관계는 위계질서에 맞춰 상사와 부하직원으로 구성되는 것이 보편적이다. 으레 상사는 무언가를 지시하고 요구하는 입장이고 부하는 그것을 수행하고 평가를 받는 입장이다. 그러다 보니 당연히 수행과 평가를 받는 사람이 약한 힘의 권력을 갖는다. 그런데 직장의 상사와 부하 관계는 부모자녀 관계와 심리적으로 많은 공통점을 지니기도 한다. 규모가 작은 조직일수록 직무보다는 인간관계를 앞세워 조직몰입을 요구하는 경우가 많으며 이 부분에 있어 상사는 부모의 심리적 역할을 하게 되는 것이다. 많은 부모들은 자녀의 미래에 대한 기대가 있다. 그리고 일부 부모는 자녀의 미래를 자신이 만들어줘야 한다는 어리석은 판단을 하기도 한다. 그러다 어느 날 성장한 자녀가 조금이라도 자신의 생각에 반하는 행동을 하면 여태껏 뒷바라지한 것이 억울하다며 슬픈 감정을 드러내기도 한다.

간혹 마트나 식당 등 여러 사람이 모여 있는 곳에서 아이를 제대로 통제하지 못해서 안절부절 못하는 부모들을 마주할 때가 있다. 아주 짧은 시간 만나게 되는 그 부모들에게서 발견한 육아 방법은 무턱대고 사정하기였다.

“왜 이렇게 화가 났어? 엄마가 사탕 사 줄까? 그럼 인형? 장난감

살까? 엄마가 미안해."

그저 '엄마가 뭐 해 줄까?'로 일관되었던 것이다. 앞으로 그 아이는 더욱 지능적으로 엄마가 자신에게 사정하게 만들지도 모른다. 그럼 어떤 방법을 쓰는 것이 좋을까? 평소 공공장소에서 지켜야 할 규칙에 대해 아이와 함께 이야기해야 한다. 그리고 외출을 할 경우 그 규칙을 한번 상기시켜 줘야 한다.

"마트에 가면 우리 말고도 다른 사람들이 많으니 소리를 지르거나 뛰어다니면 시끄러워서 엄마 이야기를 듣지 못할 수도 있고 지나가는 사람과 부딪혀 다칠 수도 있겠다. 어떻게 하기로 했지?"

그리고 아이가 약속이나 규칙을 지키는 것에 약하다면 이 규칙을 지키거나 지키지 않을 경우 상과 처벌이 있을 거라는 식의 좀 더 강한 메시지를 전달하는 것도 좋다. 이것이 습관화 된다면 한쪽 벽에 아이를 세워두고 사정하는 일은 없을 것이다.

여기에서 보듯 직장에서도 알아둬야 할 것은 바로 규칙이다. 사업장의 규모가 작을수록 직장에서 지원해줄 수 있는 부분과 직원으로써 지켜줘야 하는 부분에 대한 고용 계약서를 준비하는 것이 좋다. 특히 작은 회사에 입사하는 직원의 입장에서도 '작은 회사가 다 그렇지 뭐.' 라는 태도에서 '규모는 작지만 제대로인데.' 라는 직무에 대한 심리적 태도가 바뀔 수도 있다.

직원의 태도가 적극적이지 못해 마음에 들지 않거나 자신이 너무 많은 것을 비위 맞추느라 에너지를 소모하고 있다는 생각으로 괴로워하기 전에, 내가 과하게 부모의 심리적 역할에 비중을 두고 있었던 것은 아닌지 살펴야 한다. 또한 직장에서 직무와 더불어 인간관계에도 규칙을 적용하고 있는지 생각해 볼 필요가 있다.

더불어 내려놓지 못하는 기대와 실망으로 인한 우울감은 자칫 나의 가치를 무시하거나 스스로 아무것도 할 수 없다고 판단해 버려 무기력하게 만드는 위험한 감정 중 하나이다. 책상에 복잡하게 뒤엉켜 산처럼 쌓여 있는 서류를 치우지 않으면 불쾌해진다. 그 불쾌함을 느껴야만 우리는 책상 치우기를 시작할 수 있다. 우울한 감정을 자각할 수 있어야 한다. 그렇다면 반은 회복한 것이다.

기대하는 마음 흘리기

발상에 관한 재미있는 이야기가 있다.

커다란 짐을 실은 자동차가 굴다리를 통과하려 했다. 그런데 짐을 실은 자동차의 높이가 굴다리의 제한 높이보다 8cm가 높았기 때문에 짐이 천장에 걸려서 움직일 수 없게 되어버렸다. 이럴 경우 당신이라면 어떤 해결법을 제시하겠는가?

대부분의 사람들은 천장에 걸린 짐을 내리는 것으로 문제를 해결하려 한다. 하지만 실제로는 그 방법 말고 바퀴의 바람을 빼서 차의 높이를 낮추었다고 한다.

인간관계에 있어 내가 도움을 주고 많이 신경 썼던 것에 반하는 반응을 받으면 실망을 하게 된다. 게다가 그 부분에 대해 명확하게 표현하지 못하는데다가, 오히려 상대방이 고마워하기보다는 자꾸 바라는 것을 요구할 경우 시원하게 거절하지 못하는 자신의 모습에 우울해질 수 있다. 또 반대로 오랜 시간 억누르면서 상대를 지켜본 경우라면 자신도 모르게 순간 감정 통제가 안 되면서 하지 말아야 할 말들을 쏟아내는 경우도 종종 발생한다.

"도대체 어디까지 내가 다 해 줘야 해?"

"OOO씨, 너무하다는 생각 안 들어?"

"그럴꺼면 니가 사장해."

"이 정도 말해줬으면 옆 집 강아지를 데려다 놓아도 알아듣겠다."

이 순간 상대를 위해 배려하고 더러는 희생까지도 감수했을 당신의 노고와 인품은 물거품이 되어 사라져 버릴 것이다. 애써 실은 짐을 힘들게 내리려 하지 말자. 그저 중심을 받치고 있던 타이어의 바람만 살짝 빼 주면 되는 것이다. 내가 왜 상대에게 이런 노력을 기울이고 있었는지에 대해서만 살짝 흘려주면 되는 것이다.

"앞으로가 더 기대된다."

"내가 함께 지원했던 부분이 너의 성장에 도움 되었길 바란다."

"믿고 함께 해 주니 너무 고맙습니다."

"서로를 신뢰하지 못하면 힘든 일이죠."

하지만 상대에게 내가 원하는 것을 편하게 말하지 못하는 사람들이 가지고 있는 마음 속 규칙에는 '대가를 바라는 것은 옳지 않다.'라는 논리가 숨어 있을지도 모르겠다. 내가 타인에게 베푼 것이 온전히 나눔, 봉사의 성격을 지닌 것이라면 이 논리에 해당될 것이다. 그러나 직장에서 상사 또는 선배가 후배에게 베푸는 배려, 도움, 기여는 돌아올 결과에 대한 기대를 완전히 저버릴 수는 없을 것이다. '상대의 성장을 촉진시키는 도움을 주어야 한다.'의 규칙 정도로 마음의 문턱을 낮출 수 있다면 적어도 자신의 감정을 훼손시키는 우울감에서는 벗어날 수 있을 것이다.

피그말리온 효과라는 것을 알 것이다. 타인의 기대나 관심을 받으면 능률이 오르거나 결과가 좋아진다는 것을 뜻한다. 특히 직장에서는 성장하는 모습을 보여야 하는 직원, 부하에게 그도 모르게 뒤에서 많은 것을 베풀고는 그 마음을 몰라준다고 답답해하거나 속상해 할 것이 아니라, '내가 너에게 이만큼의 기대가 있고 나는 네가 그것을 충분히 해 낼 거라는 믿음 또한 있어.' 라는 마음을 전해 스스로 우물을 파게 하는 것이다.

여기에서 중요한 것은 나의 기대를 상대방에게 강압적이지 않게 전달하는 것이다. 좋은 마음으로 시작된 부모의 심리적 역할이 직장에서는 서로 오해를 만들고 불편한 기류에 일조한다는 것을 잊지 말도록 하자.

실천 난이도(강) 기대하는 것이 나쁜 것은 아니다

내 마음 속에 정말 아무런 기대 없이 상대방의 발전과 성장만을 위해 기여하고 도움을 주고 싶은 욕구만 존재하는지, 혹시 그 기대에 부응하는 적절한 보상을 원하는 것은 없는지 살펴야 할 것이다. 또한 보상을 원하는 것이 모두 나쁜 것만은 아니라고 내면규칙의 압박감을 낮춰줄 필요도 있다.

실천 난이도(중) 피그말리온 효과

상대방은 오히려 모든 것을 하나부터 열까지 챙겨주는 당신을 보며 나의 업무 처리를 믿지 못한다고 판단하고 있을지도 모를 일이다. 한 번도 온전히 자신에게 일의 전권을 맡겨준 적이 없다는 점에 속상해하고 더욱 더 소극적인 소심쟁이로 바뀔지도 모른다. 그가 온전히 자신의 힘으로 일어나 성장할 수 있도록 내가 가지고 있는 기대와 믿음의 마음을 내비쳐 보도록 하자. 그리고 상대에게 보낸 나의 지지와 응원은 충분히 가치 있는 것이라고 스스로 평가하자.

실천 난이도(약) 기대 리스트 작성하기

직장의 상사와 부하의 인간관계에서는 암묵적 기대를 통해 심리적 계약을 유지하고 있다. 서로를 향한 암묵적 기대에는 어떤 것들이 있는지 리스트를 작성해 보도록 한다. 상대방의 기대는 추론하여 적어 보는 것도 좋다.

나의 심리적 기대	상대방의 심리적 기대
- 아이디어 제안 - 새로운 정보, 지식, 기술 습득 - 외부 교육 프로그램 적극 참여 - 회사의 정책이나 제도에 대한 수용 - 업계 관련 정보 공유	- 공정한 기회 - 지식, 기술, 정보 공유 - 재정적 지원 - 안정된 업무 환경 - 교육과 경력 개발의 기회 제공

no. 4

'비참함'으로 감정노동 중인 당신에게

모두가 갑이 되고픈 세상

잊을만하면 뉴스가 되어 온 나라를 시끄럽게 만든다. 일명 아파트 갑질 사건들이다.

지난 2015년 11월, 나이가 지긋한 경비원이 아파트 주민들에게 고개 숙여 인사를 하는 사진과 함께 해당 아파트 입주자로 보이는 학생이 쓴 글이 누리꾼들에게 공분을 일으켰다. 그런가하면 경비원이 자식뻘 되는 입주자에게 폭행과 폭언을 당하는 사건도 사라지지 않고 있다. 지난 2014년 10월, 한 아파트에서는 경비원이 분신자살을 시도했고 한 달 뒤 끝내 숨을 거두는 사건도 있었다. 같은 아파트 경비원의 증언에 따르면 그는 입주민 중 한 할머니의 갑질에 시달려왔다고 했다. 할머니는 청소하는 사람과 경비원을 벌레 보듯 하며 언어폭력을 일삼고 심지어 위에서 음식물을 던지고 이를 먹지 않으면 화를 내기까지 했다고 한다. 할머니의 이러한 행태 때문에 경비원은 극심한 스트레스와 모멸감에 시달렸고 우울증 약까지 복용하다가 결국 비극적인 결말을 맞게 된 것이다.

서비스 현장에서 일하는 많은 감정노동자들은 고객의 무시와 무리한 요구에 불쾌함을 느낀다. 하지만 그 감정을 그대로 표출할 수도, 잘못됨을 바로 잡을 수도 없다.

"너희들이 하는 일이 이거 아니야?"

"기분 나쁘면 그만 둬."

"별 것도 아닌 거 가지고 사람 피곤하게 한다."

라는 말을 듣기 때문이다. 그렇게 참아가며 고객들의 기분을 맞춰주다 보면 스스로 비참해지는 기분을 막을 수 없다.

:: 사례

하 대리는 치과기자재 업체에서 영업을 한지 올해로 7년이 됐다. 평소 사람을 좋아하는 자신의 성격과도 영업이 잘 맞고 실적도 괜찮은 편이라 팀에서도 인정받고 있다. 덕분에 그동안 일을 하며 힘들 때도 있었지만 잘 이겨낼 수 있었다. 하지만 최근 하 대리는 이직을 심각하게 고민하고 있다. 바로 더 이상은 고객의 횡포를 견디기가 힘들기 때문이다. 업종의 특성상 하 대리가 응대하는 주 고객은 치과 원장들이다. 하루는 고객사 중 하나인 A원장이 하 대리를 급하게 찾았다. 마침 해당 고객사 근처에서 일을 보고 있던 하 대리는 바로 A원장의 치과로 향했고 원장실로 들어간 하 대리는 깜짝 놀라고 말았다. 평소 알고 지내던 기공소 소장이 먼저 와있었고 어찌된 영문인지 소장은 벽을 본채 양 손을 들고 있었다. 마치 그 모습은 벌을 받는 학생의 모습 같았다고 한다. A원장은 하 대리에게 다짜고짜 "몇 대 맞을래?" 라고 묻더니 엎드리라고 했고 잠시 후에는 소장 옆에 서서 손을 들고 있으라고 했다. 또 다른 고객사인 B원장은 히스테리를 부리듯 가끔 하 대리가 어느 곳에 있든지 자신이 말한 시간까지 병원에 도착하지 못할 경우 하 대리가 그동안 영업해서 보낸 물품들을 박스채로 엘리베이터 앞에 쌓아두는 일을 반복한다고 했다. 이런 일들을 당할 때면 하 대리는 마음이 너무 착잡하고 자신이 비참하게 느껴진다고 했다. 그 자리에서 그만두고 싶은 마음이 간절한데도 현실은 해당 원장들의 비위를 맞추기 위해 감정노동을 멈출 수가 없기 때문이다.

가짜 왕들의 종이 되다

2013년 노동환경건강연구소의 '민간·공공 서비스산업 감정노동 종사자 건강실태 조사' 결과에 따르면 백화점 판매원이나 카지노 딜러, 콜센터 직원, 철도 객실 승무원 등 감정노동자들의 87.6%가 인격 무시 발언을 들었고 고객으로부터 욕설과 폭언을 들은 경험이 전체 2,259명 중 81.1%에 달한다고 했다. 또 신체적인 위협을 느낀 적이 있다는 대답도 43.4%에 달했다. 이러한 감정노동은 주로 여성, 연령별로는 30대 이하에서 가장 많이 수행하고 있으며 동 조사에 따르면 여성 감정 노동자의 48.9%가 '우울증을 경험한 적이 있다.'고 답했고, 전체 응답자의 30.6%가 자살 충동을 느낀 적이 있으며 4%는 실제로 자살을 시도했다고 한다.

사람들은 타인으로부터 인격 무시를 당할 경우 일단 분노하게 되지만 그 감정을 정당하게 표출하지 못하면 비참함이라는 2차 감정을 생성하게 된다. 그렇다면 당신은 얼마나 자주 비참함을 느끼는가? 아마 보통의 우리들에게는 익숙하지 않은 감정일거라 추측된다. 일반 직장의 외식사업부에서 근무 중인 지인에게 일을 하며 비참한 기분이 들었던 적이 있는지 물어 보았다. 그는 자신이 맡은 일에 스스로 능력 부족임을 느낄 때라고 대답했다. 하지만 본인이 현장 지원을 나갈 때면 가끔 기분이 상해서 올 때가 있다면서 말을 이어갔다. 휴일에 홀서빙 지원을 한 적이 있는데 손님 중 한 명이 "야! 여기 물 좀 줘.", "야! OO 좀 하나 더 줘." 라는 식으로 모든 요구 사항을 반말로 하더라는 것이다. 자신은 그날 하루만 겪고 참으면 되는 일이었지만 그 곳이 일터인 현장직 동료들에게는 정말 화가 나는 일이 될 거라고 말했다.

세상에는 왕처럼 대접받고 싶은 갑들이 너무 많다. 물론 그들은

왕으로써 지켜야 할 품위는 갖추고 있지 않으면서 누리고 싶은 것만 내세워 고집하는 가짜 왕들이다. 하 대리는 벽을 보며 손을 들고 있는 자신에게 '너 도대체 여기서 왜 이러고 있어?' 라고 물어 봤을 것이다. 그리고 스스로에게 당장 손을 내리고 부당한 요구를 거절하라고 말하고 싶었을 것이다. 무릎을 꿇게 하고 90도로 인사를 시키는 가짜 왕들에게 항의할 수 있었어야 했다. 하지만 한 회사의 직원에 불과한 그들은 가짜 왕들의 종이 된 채로 '고객은 왕이다.', '고객은 신이다.' 라는 상식을 지키기 위해 끓어오르는 화는 잠시 덮어두고 씁쓸히 비참함을 뒤집어쓰는 쪽을 택했던 것이다.

내 일과 노동의 가치 찾기

사람은 누구나 존중 받기를 원하며 어디에서든 가치 있는 사람으로 평가 받기를 원한다. 높은 가치 평가를 위해 교육을 받고 업적을 만들며, 더러는 욕심 없이 나눔을 실천하기도 한다. 하지만 자신의 존재 가치를 타인을 짓밟아서 받아내는 왕대접으로부터 찾는 몰지각한 사람들이 있다. 바로 고객이라는 이름으로 가짜 왕이 되고 싶은 사람들이다.

언제부터 고객은 왕으로 군림했던 것일까? 이 말을 누가 처음 썼는지는 알 수 없지만 이제 이 말은 더 이상 상식이 될 수 없다.

예전에 내가 근무했던 두 회사는 그 당시 '고객이 오케이할 때까지', '또 하나의 가족'이라는 슬로건이 있었다. 그 시절 고객은 회사

경영의 중심이었다. 물론 현재도 그 원리가 바뀌지는 않았다. 하지만 우리는 경험을 통해 끝까지 오케이를 하지 않거나 절대 가족이 될 수 없는 고객도 있다는 것을 알게 되었다. 그리고 그들의 무례한 행동에 대해 직원이나 해당 기업이 나서지 않더라도 대접 받을 준비가 되어 있는 제3의 고객들이 나서서 비판해 주는 반가운 사회가 되어가고 있다. 앞서 언급한 아파트 경비원에게 인사가 강요된 사건만 봐도 그렇다. 해당 기사를 접한 누리꾼들은 부당한 대우를 받고 있는 경비원에 대한 동정과 함께 해당 입주민들에 대한 분노와 비판을 쏟아냈다.

이런 착한 고객들의 움직임은 분명 감정노동자들에게는 희망이 되어줄 것이다. 그런 반면에 여전히 서비스 노동의 가치가 저평가되고 있는 것은 감정노동에 대한 해결을 더디게 하는 요인 중 하나다. 제대로 된 가치 평가가 이루어진다면 왕이 되고픈 고객 스스로가 무례한 행동과 요구를 자제하게 될 것이다.

이처럼 기업과 사회가 풀어줘야 할 숙제가 있다면 당사자인 직원이 풀어야 할 숙제 또한 있다. 나 스스로 건강한 분노를 했던 적이 있는지, 제대로 분노하지 못하고 내 일의 가치와 내 노동의 가치를 인정하지 않는 비참한 신세를 스스로 만든 것은 아닌지 반문해봐야 한다. 이 세상 어디에도 나보다 소중한 것은 없다. 치과기자재 영업을 했던 하 대리는 자신을 비참하게 만들었던 고객사 원장을 회사의 CS혁신 워크숍에서 용기 내어 말했고, 평소 직원들의 고

충과 업무개선을 중요하게 여겼던 임원들은 사실여부 확인 후 해당 고객사와의 관계를 정리하기로 결정했다.

내 스스로 나의 일에 가치를 두고 있다면 돌파구는 반드시 존재할 것이다. '나 하나쯤이야.', '내가 하는 일이 서비스니 참아야지.'라는 태도는 오히려 발전을 저하시킬 수도 있다. 일의 가치를 세울 수 있고 나와 동료의 일에 대한 몰입도를 높일 수 있는 것이라면 체념하지 말고 함께 숙제를 풀어나가는 방법을 선택하기를 바란다.

포기가 아닌 수용하기

나는 '포기'라는 말을 좋아하지 않는다. 끝날 때까지 끝난 것이 아니기 때문이다. 나에겐 꼭 해 보고 싶은 직업이 몇 가지 있었다. 여군장교, 승무원, 쇼호스트이다. 하지만 모두 중도 탈락했고 미련은 남아 있지 않다. 그런데 만약 내가 이것들을 마음에서 먼저 포기했다면 아주 큰 미련이 되어 지금까지 후회하며 살고 있을 것이다. 하지만 나는 현실을 그대로 수용하고 이해했기에 평안했다. 포기한다는 것은 '아무리 해 봤자 소용없다.'라는 무기력감과 절망감을 낳게 된다. 하지만 수용은 이미 알고 이해한다는 의미를 가지고 있다. 우리는 수용하는 순간 어떠한 상황을 바꾸기 위한 새로운 도전을 하거나 용기를 내는 것이 가능해진다.

고객의 무례한 행동을 내가 한순간의 항의나 호통, 조언 등으로 바꿀 수는 없다. 고객 스스로 자신의 행동에 대한 선악의 자각이 이루어지지 않는 한 변화하는 일은 없을 거란 이야기다. 그리고 이 놀라운 상식을 감정노동자들은 누구보다 잘 알고 있다. 이것은 포기가 아닌 수용인 것이다. '내가 이 일만 하지 않았더라면...'이 아니라 '저 사람에겐 진심으로 조언해 주는 주변인이 없구나. 가엾다.'로 바라보는 것도 좋은 방법이라는 것이다.

혹시 그거 아는가? 화나 분노의 감정은 보통 '너 때문에', '네가 나쁘다' 라는 생각에서 시작된다. 하지만 화나 분노를 더욱 증폭시키는 것은 너가 아닌 '나 때문에'이다. 특히 감정노동자들은 너무 쉽게 '내 탓'의 멍에를 받아들인다. 절대 스스로의 감정을 중간에 놓아버리는 포기는 없었으면 한다. 말 그대로 '너 때문에'인 것이다. 평소 가지고 있던 마음의 열등감은 스스로를 파괴하는 '내 탓'을 끌어당길 것이다. 스스로를 슬프게 만드는 비참한 감정으로부터 극복할 수 있는 방법은 평상시 나와 내 일의 가치를 찾고 지속적으로 생각하는 것이다.

'고객이 원하는 것을 해결해 주는 일.'

'나만이 처리할 수 있는 일.'

'나로 인해 상대방이 행복을 누리게 되는 가치 있는 일.'

내가 찾아내고 인정한 가치가 충분히 자리 잡고 있다면 고객의 무례한 태도의 원인을 내 탓으로 돌리는 어리석은 선택을 막아줄 것이다. 그리고 나를 괴롭힌 '너'는 스스로 변화될 수 있는 자각능력이 부족하니 나와 같은 마음의 사람, 동료 그리고 직장에 손을 내밀어 해결의 아이디어를 함께 도출하는 것이다. 그러기 위해 평소 얻은 인심과 평판은 나의 손을 들어주는 지렛대 역할을 충분히 해낼 것이다.

신학자 라인홀트 니부어의 기도처럼 변화시킬 수 없는 것들을 받아들이는 평상심과 변화시킬 수 있는 것들을 변화시키는 용기가 필요하다.

실천 난이도(강) 포기말고 수용하기

비참한 감정이 깊어질 경우 우리가 느끼는 슬픔은 고통이 될 수도 있다. 타인의 행동에 의해 나의 몸과 마음이 상하는 일은 없어야 한다. 그러기 위해서는 스스로를 무기력감과 절망의 늪으로 던지는 포기의 마음이 아닌 용기를 이끌어내는 수용의 마음을 키울 수 있어야 한다. '긍정적 사고'로 통제하는 것이다. '그런 사람도 있구나.' 라고 스스로의 행동을 통제하지 못한 상대방을 있는 그대로 받아들이는 것이다.

실천 난이도(중) 일의 가치 발견하기

스스로를 존중하지 못하는 사람은 타인으로부터도 존중받기 어렵다는 것은 누구나 잘 아는 사실이다. 스스로 내가 선택한 일과 노동에 대한 가치를 높게 평가하는 태도를 가져야만 한다. 나의 일과 노동에 대한 가치를 발견해 보자.

1.______________________________

2.______________________________

3.______________________________

실천 난이도(약) 직장 VOC 활용하기

최근 기업은 고객 가치실현을 위해 내부 고객이 얼마나 중요한 역할을 해내는지 모두 인지하고 있다. 또한 최근 블랙컨슈머에 대한 기업의 대응 또한 단호하게 바뀌고 있어 감정노동자의 노동 가치에 대한 의식이 전반적으로 변화되고 있다. 고객의 무례한 태도로 자존감에 심한 상처가 생겼다면 직장 내 CS혁신 프로그램을 잘 활용해 보는 것도 좋은 방법일 것이다.

'슬픔'의 감정노동으로 쌓인 피로 회복법

지나친 슬픔은 나의 몸과 마음을 상하게 할 수도 있다.

슬픔의 감정 군에 속한 '우울함/외로움/괴로움/애통함/실망스러움/절망/낙심함/비참함'은 그저 만화 속 캔디처럼 참는다고 해결되는 감정은 아니다. 슬픔의 감정이 깊어지거나 우울해지면 신진대사가 느려진다. 그리고 손실된 에너지는 사람을 울고, 때려치우고, 다른 사람을 피하고, 의기소침해지고 내부적으로 움츠러들게 만든다. 감정노동의 현장에서 나타난 슬픔은 주로 행동의 후처리 과정에서 강하게 느낄 수 있는 감정이다. 원하지 않는데 나의 감정을 속이고 행동한 후 밀려드는 후회와 함께 커지는 것이 슬픔이다. 슬픔은 마음 속 큰 상실감과 좌절의 고통을 함께 동반하기에 응어리가 풀릴 때까지 쏟아내거나 평상시 쌓이지 않도록 적절히 표현하는 연습이 필요하다.

어떤 이는 슬픈 감정을 느끼는 것을 견디지 못하기도 한다. 슬프다는 것을 무엇인가 이루지 못하거나 갖지 못한 사람이 열등의식에서 느끼는 감정으로 치부해 버리기 때문이다. 그래서 그들은 자신 내면의 슬픔을 혹시 타인에게 들킬까봐 더욱 철저하게 화려한 외형 이미지로 치장하기 시작한다. 그러나 슬픔은 얼굴에 명랑함이라는 가면을 써서 지울 것이 아니다. 오히려 슬플 때 자신이 행동하는 경향에 대해 꼼꼼하고 잔인할 정도로 객관적인 잣대를 가지고 점검해야 한다. 그리고 그것을 토대로 감정을 바꾸기 위한 단계적 수순을 밟아주는 것이 좋다.

슬픔이란 감정의 또 다른 모습은 지인의 죽음이나 큰 실망, 좌절과 같은 상실의 경험에 순응하도록 도와주는 것이기도 하다. 슬픔의 감정을 통해 내가 누리고 있는 작은 것에도 감사하는 마음을 배우게 되며 즐거움이나 열정을 되살리는 에너지를 만들어내기도 한다. 2015년 개봉된 영화 <인사이드 아웃>을 봤던 사람들은 우리가 살아가며 느끼는 '기쁨, 슬픔, 분노, 소심' 등 각 감정의 역할과 중요성에 대해서 인식했을 것이다. 영화는 말한다. 우리 삶의 행복과 기쁨을 위해서는 반드시 반대쪽에 슬픔이 공존해야 한다는 것을.

그렇다면 슬픔을 건강하게 다룬다는 것은 무엇을 의미하는 것일까? 울적한 마음을 지속시키는 슬픔을 긍정적으로 전환시키기 위해 우선은 내가 느끼는 슬픔을 신체 반응을 통해 인지할 수 있다면 좋다. 눈물의 흐름이나 가슴 답답함, 웅크린 자세와 같은 경미한 반응까지도 체크할 수 있도록 나를 향해 주의 기울이기를 해야 한다. 그리고 슬픔의 감정과 반대되는 행동들에 해당하는 똑바로 걷기, 경쾌한 음악 듣기, 산책, 취미생활, 모임에 참여하기 등의 다양한 경험을 실천함으로써 슬픔으로부터 탈출할 수 있는 기회를 만들어야 한다.

어느 날 고객사와 미팅을 마치고 나오는데 7살이 된 하윤이에게 전화가 걸려왔다. 엄마가 언제쯤 집에 도착하는지를 물은 아이는 곧바로 내게 말해왔다.

"엄마, 나 지금 뭐 보는지 알아?"

"글쎄, 뭐 보고 있는데?"

"개콘(개그콘서트, KBS) 보고 있어."

신기한 일이었다. 우리 가족은 평소 개그콘서트를 본 적이 극히 드물기 때문에 아이의 대답이 의아하여 다시 되물었다.

"응? 개콘을 본다고? 왜?"

"응, 유치원에서 돌아왔는데 엄마도 아빠도 없으니까 마음이 웃을 수가 없었어. 그래서 뭘 하면 마음이 웃을 수 있을까를 생각해봤더니 개콘이 생각난 거야."

"정말? 우리 하윤이 대단하다. 그래 재미있게 잘 보고 엄마 도착하면 이야기 해 줘."

아이가 자신의 감정을 인식하고 전환을 위해 노력한 부분에 대해 나는 집에 도착해서 큰 칭찬을 해 주었다. 물론 이때 아이가 보게 되는 시청물을 선별한 필요는 있다. 하지만 내가 이 사례에서 말하고픈 것은 사람은 누구나 본능적으로 자신의 감정이 유쾌하기를 원한다는 것이다. 그리고 그 유쾌함을 위해서는 반드시 그것과 연결되는 행동이 필요하다는 것이다.

나와 타인의 관계 속에서 나도 모르게 혹은 의식하여 만들어낸 슬픈 감정의 화살이 다시 나에게로 전향되어 자아 존중감을 한없이 깎아내리고 있다면 이제는 그 마음 속 살인을 멈춰야만 한다. 지나친 슬픔은 우리 몸과 마음을 해치기 때문이다.

우리는 보통 2주간 자신의 감정을 체크해 보는 것이 좋다. 그리고 그때 체크된 감정이 앞서 설명한 슬픔 군에 속해 있다면 우울증을 염려하고, 그것을 극복하기 위해 각 감정별로 제시해 준 실천 팁을 실행하기 위해 노력해야만 한다. 우울한 감정을 관리하는 방법은 의외로 간단할 수 있다. 미국의 심리학자 폴 에크만(paul Ekman) 교수는 1985년에 "감정을 가지면 얼굴에 표정이 나타난다. 그리고 반대로 얼굴에 표정을 지으면 그 감정이 내면에 발행한다." 라는 연구결과를 발표했다. 우리 감정은 몸과 밀접하게 연결되어 있다는 것이다.

'슬픔'을 극복하는 TIP

1. 자리에서 일어나 하늘을 바라보며 양팔을 벌려 쭉 뻗어본다.
2. 마음껏 웃을 수 있는 텔레비전 프로그램(동영상)을 시청한다.
3. 지금 그 자리에서 일어나 새로운 공기를 마신다.
4. 평소 나를 웃게 했던 사진, 그림 등을 본다.
   (가족사진 등을 소지하고 다닌다면 감정 조절에 도움을 받을 수 있다.)
5. 즐거운 에너지를 나눠줄 수 있는 좋은 지인과 통화한다.
6. 눈을 감고 깊게 숨을 들이마시고 내쉬고를 반복한다.
7. 달콤한 초콜릿 또는 사탕을 먹는다.

슬픔은 상실에서 오는 고통이고 이는 무기력함으로 연결된다. 마음의 빈자리를 채우기 위해 의미 있는 일을 해 보거나 사람과 소통하는 것에 노력이 필요하다.

4장

두려움, 공포

/ 난 지금 제대로
하고 있는 걸까?

소모한 나의 노동력_ **두려움/ 공포**

원인 | 자신에 대한 사랑의 결핍. 기대와 욕망. 불확실한 미래와 대상에 대한 두려움.

속마음 | "제대로 하는 것이 아무 것도 없는 것 같아 불안해."

"다른 사람들이 인정하는 사람이 되려면 아직도 멀었어."

"사람들의 눈에 내가 어떻게 비칠지 두려워."

"어느 한 순간 모든 것을 잃을까봐 걱정돼."

짚 풀 詩 김선규

죽었는지 살았는지…

깡마른 무화과나무를
짚 풀로 감싸 이불을 만들어 준다.

북풍한설(北風寒雪)을 이겨내려면
갑갑해도 겨우내 덮고 있으렴.

밤새 백설(白雪)이 내려
무화과 밭은 설국(雪國)이다.

행여 무화과나무 꺾일세라
어머니는 깡마른 손으로 설국을 무너뜨린다.

머리에 가득 쌓인 눈을
수건으로 툭툭 털어내시며
짚 풀 만한 이불이 어디 있겠냐?

무너진 설국을 뒤로하고 빠끔히 들어내는
무화과 나뭇가지

돌아서는 어머니의 발길을 살며시 붙잡는다.

no. 1

'불안감'으로 감정노동 중인 당신에게

뒤처지고 싶지 않은 마음

학창시절 시험 기간 중 친구에게 들어봤거나 혹은 자신이 직접 말한 적 있을지 모른다.

"공부 많이 했어?"

"아니, 나 하나도 못했어. 어제 너무 졸려서 그냥 자 버린 거 있지. 진짜 걱정돼. 어쩌지?"

하지만 뚜껑을 열어보면 이런 말을 한 사람은 잠을 자지 않고 밤새 공부를 한 경우가 더 많았다. 그리고 결과가 나오면 또 이기적인 말을 해댄다.

"나 완전히 망쳤어. 너무 많이 틀린 거 있지."

그러나 그들이 시험 문제 중 틀린 개수는 많아야 고작 한두 개였다.

왜 이런 뻔한 거짓말을 하는 것일까? 바로 불안해서이다. 그리고 그 불안의 뿌리는 무한 경쟁이고, 그 경쟁의 무대에 오르기엔 부족한 것만 같은 현재에 대한 불만족이다.

:: 사례

• 우리 팀뿐만 아니라 타 팀에서 진행되고 있는 업무 이슈나 동료들 사이에서 오가는 '누가 ~~했다 하더라.' 식의 사람에 대한 소문들을 놓치지 않고 듣고 또 알아내기 위해 애쓴다.

• 상사가 휴일에 출근하는 경우 내 일이 없더라도 출근한다.

• 업무지시에 대해 과잉행동을 한다. 즉 구두로 전달하거나 볼펜으로 써서 메모지에 전달해도 되는 일을 타이핑하여 제시하는 것이다.

• 분명히 아내에게는 일찍 들어가겠다고 했고 내 일은 이미 끝나서 퇴근하고 싶은 마음이었지만 상사가 "저녁에 약속 없으면 같이 술이나 한 잔 할까?" 라는 말에 망설임 없이 퇴근을 미룬다.

• 후배에게 위임해도 되는 일인데도 넘기지 못하고 "내가 할게." 라며 오늘도 일과 씨름을 한다. 이런 나를 향해 동료들은 '우렁 각시' 또는 '세상에 없는 착한 남자' 라고 거든다.

• 얼마 전 건강검진에서 음주가 건강을 크게 해칠 수 있으니 꼭 절주해야 한다는 담당의사의 당부를 받았으나 회식 자리에서 결국 아무런 말을 하지 못하고 술잔을 받아든다.

• 주말에는 가족과 함께 보내며 휴식을 취하자고 마음먹었다가도 상사와 동료들이 모여 산행이나 낚시, 골프를 치러 간다고 하면 피곤하지만 꼭 참석하고 있다.

이 중에 내 모습이 있는가? 분명히 진짜 내가 원하는 행동이 있는데도 불구하고 나는 그 행동을 무시하고 전혀 바라지 않았던 행동과 말을 하고 있다. 무엇이 나에게 반대 행동을 하라고 내모는 것일까? 바로 남에게 뒤처지면 안 된다는 강박관념과 미래에 대한 불안감이다.

흔히 감정노동은 타인이 나에게 행한 말과 행동으로부터 비롯된다고 생각하지만, 일부는 타인의 요구와 상관없이 내 마음이 스스로 감정노동을 선택하는 경우도 있다.

지금도 충분해

예능 프로그램 중에 '슈퍼맨이 돌아왔다'가 있다. 출연했던 많은 가족들 중에 삼둥이 아빠인 탤런트 송일국에 대한 관심이 유독 뜨거웠다. 세 쌍둥이를 너무도 자연스럽게 잘 양육해 내는 송일국을 보며 엄마들은 부러워하고 아빠들은 그의 능력이 내심 불편하기만 하다. 비단 TV 프로그램만의 이야기는 아닐 것이다. 그야말로 우리 모두는 슈퍼 파워를 요하는 시대에 살고 있다. 그리고 그 슈퍼 파워를 얻기 위해 처절한 몸부림을 치고 있는지도 모르겠다.

직장에서도 슈퍼직장인 증후군이라는 말이 있다. 자신의 의지로 일에 매달리거나 빠져있는 것이 아니라 현재보다 더 나은 미래의 삶을 위해 열심히 일한 것이 일중독의 결과를 가져올 수 있는 것이다. 그리고 이처럼 자신의 의지와 상관없이 일중독이 되는 현상을 '슈퍼직장인 증후군'이라고 한다. 우리가 흔히 말하는 워커홀릭(workaholic)이 스스로 일에 빠져서 만족감을 느끼는 경우라면 슈퍼직장인 증후군은 누군가 자신의 자리를 위협하고 빼앗을 거 같은 불안감과 공포감을 떨치기 위해 미친 듯이 일에 매달려 있는 것을 의미한다. 그러니 힘들게 일은 하지만 그에 따른 보람은 적을 것이고 자신의 처지에 대한 부정적 감정 생산은 그만큼 늘어날 수밖에 없다. 그리고 일과 더불어 관계에서 소외되는 것이 두렵기 때문에 피곤함을 무릅쓰고서라도 모든 모임과 만남에 나가기 위해 억지로 몸을 이끌고 있는 것이다.

일반 직장인들 못지않게 일과 관계에 있어서 엄청난 스트레스를 받는 사람들 중 하나가 1인 기업과도 같은 프리랜서이다. 당장 오늘 아침 갈 곳이 없으면 불안이 시작된다.

나는 SNS에 동종 업계에 있는 강사나 프리랜서 분들이 주된 친구로 설정되어 있다. 그들은 평일에도 주말에도 쉬지 않고 많은 학습과 모임을 병행하고 있다. 내가 말하고 싶은 것은 많은 모임이나 교육을 받고 있다는 사실을 지적하고자 하는 것은 아니다. 그것을 실행하는 것이 평소 자신이 원하는 성장의 모습이었는지, 그리고 스스로 충분히 즐거운지를 묻고 싶은 것이다. 분명 유쾌하기 위해,

일주일동안 고갈되었던 에너지 충전을 위해 나가는 모임인데도 불구하고 모임이 끝난 후 집에 돌아갔을 때 공허한 감정이 돌아온다면 문제가 있는 것이 아닐까?

그것은 애초에 잘못된 선택이었다. 진짜 좋은 만남과 친목이 목적이 아니라 '이 모임에 나가지 않으면 나만 뒤처질 거야.'에서 출발한 불안함이었기 때문이다.

모임에 나가는 목적이 뚜렷하지 않고 다만 관계에서의 소외가 두려워 이곳 저곳을 기웃대고 있는 사람은 그야말로 불안을 달고 사는 사람이다. 그러니 모임에서 사람들을 만나고 대화를 하는 시간이 즐겁기보다는 감정노동이 되고 그것이 고스란히 억압된 감정의 스트레스로 연결되어 몸과 마음을 짓누르는 것이다.

상대방의 말을 한번 거절한다고 해서, 모임에 한번 빠진다고 해서 세상이 바뀌는 것은 결코 아니다. 감정을 속이며 누군가의 눈치를 보고 또 불안을 채우기 위해 끊임없이 무언가를 손에서 놓지 못하고 고생했을 몸과 마음에게 '미안하다, 지금부터는 너를 편하게 놓아줄게.' 라고 말해줄 수 있어야 한다.

'주관적 안녕'하기

아프리카 한 부족의 성인식에 관한 이야기이다. 성인식 대상자들을 모두 옥수수 밭으로 모이게 한 다음 그들에게 미션을 준다고 한다. 밭이 시작되는 지점에서 밭이 끝나는 지점까지 걸어가며 스스로 생

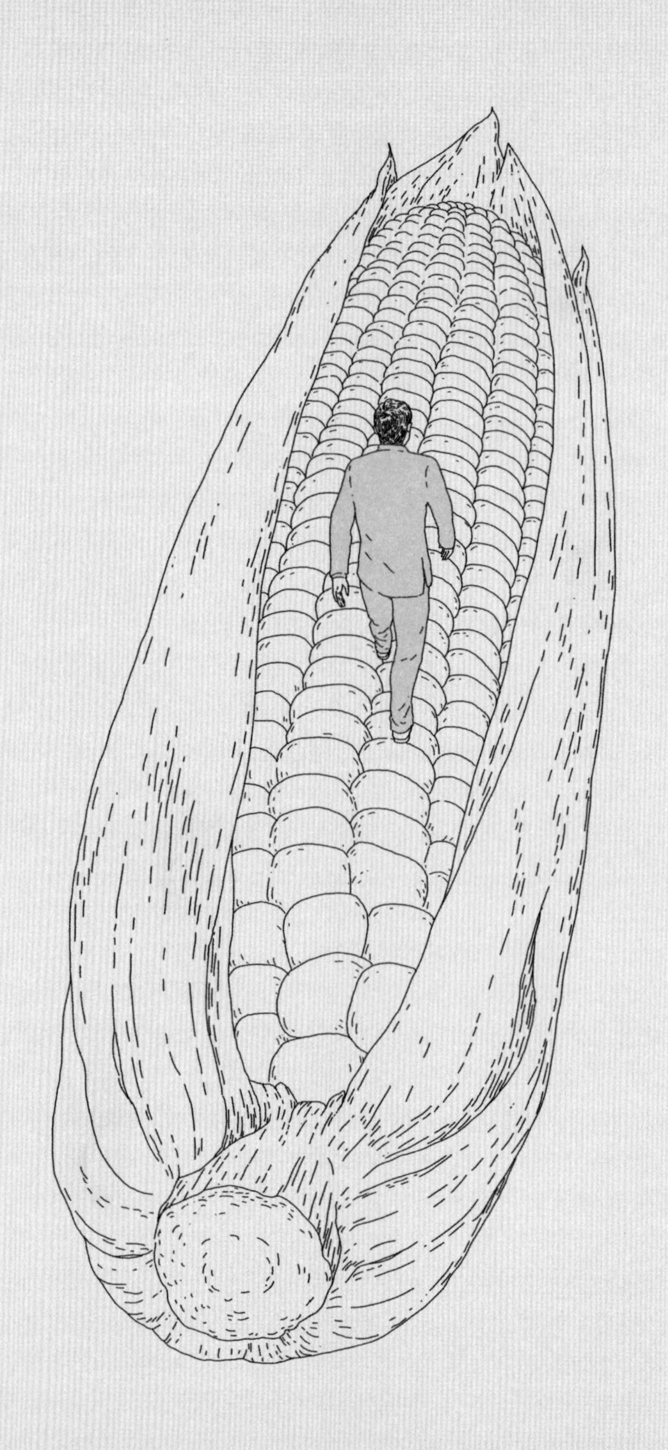

각할 때 가장 크고 잘 익은 옥수수를 한 개씩 따오도록 하게 한다. 그리고 이때 갔던 길은 다시 되돌아 갈 수 없다. 과연 어느 지점에 있는 옥수수를 가장 많이 땄을까? 바로 밭이 끝나는 지점에 있었던 옥수수라고 한다. 나는 이 이야기를 강의 시간에 교육생들에게 들려주고 어느 지점에 있는 옥수수를 따겠냐는 질문을 해 봤다. 많은 교육생들이 밭이 끝나는 지점의 옥수수를 따겠다고 대답한다. 이유는 간단하다. 시작 지점에서는 큰 옥수수를 보더라도 "좀 더 가면 더 큰 것이 있겠지." 라는 기대감을 버릴 수 없기 때문이다. 그리고 점점 밭이 끝나는 지점 가까이까지 가게 되면 "좀 전에 지나친 옥수수가 더 컸는데 아깝다." 라며 후회를 한다. 그러다 어쩔 수 없이 끝나는 지점까지 간 후에는 그 중 아무 것이나 따게 된다는 것이다.

난 이 이야기가 우리 인생과 참 많이 닮았다는 생각을 한다. 미래에 대한 기대와 열망이 만들어 내는 결과는 크게 두 가지로 나뉜다. 낙관적이거나 비관적이다. 그리고 이때 미래가 불안하고 비관적으로 그려지는 사람의 마음에는 불안과 두려움을 유발시키는 여러 가지 형태의 불만족이 반드시 존재하며, 그 불만족스러운 요소들은 현재 내가 살고 있는 시점에 존재하는 것들이다. 수능을 앞둔 학생이 현재 준비가 안 되어 자신의 실력에 대한 불만족이 있다면 미래에 닥칠 시험이 불안할 수밖에 없다는 것이다.

사람은 본능적으로 불만족스러운 상태를 만족스러운 상태로 바꿔야만 마음에 평온이 찾아온다. 그래서 사람들 중에는 그것을 일, 취미 생활, 술, 게임, 사람 등으로 자꾸만 채우려 하는 경우가 있다.

삶의 만족이 주관적이어야 함에도 불구하고 타인과 비교하고 외부에서 만족 점수를 체크하는 것이 문제다. 하나의 욕구를 채우고 나면 다음 단계의 욕구가 기다리고 있는 것이다. 아무리 채워도 헛헛한 마음이 진정되지 않고 불안함은 지속되기만 한다.

그러나 이제는 나의 삶에서 보이는 '경제, 건강, 꿈, 관계'에 대해서 스스로 만족 점수를 줄 수 있어야 한다. 내가 느끼며 살고 있는 정서적 심리상태에 긍정과 부정의 점수를 주는 것이다. 그것을 통해 우리는 만족과 불만족을 이야기하고 이것을 '주관적 안녕'이라고 말한다. 점수의 기준은 그 누구도 아닌 바로 내가 쥐고 있다는 것을 잊어서는 안 된다.

현실에서는 간혹 비관적인 것도 도움이 된다. 그래야 조금은 냉정하게 자신의 현재를 돌아 볼 수 있기 때문이다. 업무 적응력이 떨어지는 것인지, 일의 양이 많은지, 나의 능력과는 맞지 않은 너무 어렵거나 혹은 너무 쉬운 일이 맡겨진 것은 아닌지 천천히 하나씩 내가 맡은 일을 살펴야 한다. 그리고 이것과 더불어 만족의 점수가 너무 높게 책정되어 있는 것은 아닌지 또한 체크해야 할 것이다. 바로 현실적 낙관주의자가 되어야 하는 것이다. 더불어 만족의 기준이 '내'가 아닌 타인이나 상황에 치우칠 경우 자존감은 떨어지고 불안감은 낮춰지지 않을 것이라는 점을 이미 알고 있어야 한다.

내가 살아가는 이유와 그 중심에 내가 아닌 타인이 들어와서는 안 된다. 이것은 바로 주인 없는 껍데기인 것이다. 무턱대고 맡고 있는 일의 개수를 늘리고 직장의 동료들로부터 소외되기 않기 위해 슈퍼맨을 자초할 것이 아니라 내 스스로의 주관적 안녕을 회복하는 것으로 불안을 해소해야 할 것이다.

불안쟁이의 옷을 벗어야만 한다

그렇다면 이 시대에 을로 살아가는 수많은 직장인들은 되물을 것이다. 오늘 당장 어찌 될지 모르는 불안과 걱정은 어떻게 해소해야 하는 것인지.

불안감을 해소하기 위해 타인에게 비위맞추는 행동을 하느라 스트레스를 받기보다는 자신의 가치를 알리는 것에 더욱 집중하는 것이 좋다. 뒤처지고 싶지 않은 마음과 직장에서 인정받고 싶은 마음은 모든 직장인들의 공통된 마음일 것이다. 지금부터는 관점을 반대로 바꿔보도록 하자. 내가 너에게 주는 것으로써 인정받는 것이 아니라 나의 가치(업무 능력, 리더십, 대인관계 기술, 문제해결력 등)를 알리고 더욱 빛내는 것으로 인정의 욕구를 채워보는 것이다.

내가 직장에서 동료들로부터 좋은 평판을 받고 있고 업무 수행결과가 좋다는 것을 상사와 동료에게 인식시키기 위한 노력이 필요하다. 그것은 그저 나에게 주어진 현재를 넘침도 부족함도 없이 충실하게 스스로 즐기는 것을 의미한다. 우린 직장에서 이런 유형의 사람을 합리형이라고 한다. 타인에 대한 일방적 추종이나 저항을 나타내기보다는 주어진 일과 상황에 있어서 합리적으로 판단하여 행동하는 사람을 일컫는다. 이들은 상사의 합리적 지시—"자네 업무를 마친 후 여유가 되면 내 일 좀 도와줄 수 있겠나?"—는 적극적으로 수용하지만 불합리한 지시—"야근해! 주말에도 나오고. 그러라고 월급 주는 거야."—에는 이의를 제기하고 수정을 구할 수 있는 사람이다. 어쩌면 '무례하다' 라고 해석할 수도 있겠다. 하지만 전달할 때의 대화 방식이 상사의 의견을 존중하되 자신의 의견을 적절하게 표현하는 공손함을 유지했다면 오해 없이 받아들여질 수 있을 것이다. 이 정도를 해낼 수 있다면 사실 염려할 것도 없이 건강한 감성을 가졌다고 할 수 있다.

하지만 불안쟁이들은 이러한 마음을 갖는 것조차 겁이 나고 두려운 것이 문제이다. 그들에겐 비관적인 생각을 낙관적으로 바꿀 수 있도록 합리적 사고 훈련을 먼저 해 보라고 제시하고 싶다. 일단 타당한 근거가 없다고 생각되는 자신의 비관적 생각을 긍정심리학에서 제시하는 훈련법 ABCDE 방법으로 반박해 보는 것이다.

A - 나에게 생긴, 또는 생각하는 불행한 사건(Adversity)

B - 그 불행한 사건을 당연하게 여기는 왜곡된 믿음(Belief)

C - 그 왜곡된 믿음을 바탕으로 내린 잘못된 결론(Consequence)

D - 자신의 왜곡된 믿음에 대한 반박(Disputation)

E - 자신의 왜곡된 믿음을 정확하게 반박한 뒤 얻은 활력 (Energization)

A. 불행한 사건: 초보 강사시절 기상청 강의를 마치고 블로그에 후기를 올리며 내용 중 '구라청'이라는 표현을 했던 일이 있었다(그 당시 기상청의 잦은 일기 오보로 인해 구라(거짓)를 한다는 뜻으로 많이 사용되었던 표현이었다).

B. 왜곡된 믿음: 강의 시장은 굉장히 좁다는데 혹시 예의 없는 강사로 소문나게 될 경우 나에게 강의를 의뢰하는 곳이 없어지겠구나.

C. 잘못된 결론: 무조건 죄송하고 생각이 짧았다고 이야기한 후 지난 몇 년간 다양한 분야로 기록을 잘해 나가고 있던 블로그를 폐쇄해 버렸다.

D. 반박: 난 좋은 의도로 글을 썼고 표현에 있어서 그것이 그들의 심기를 건드린 것뿐이다. 긍정적 의도로 쓴 글이기 때문에 스스로 주눅 들거나 어색할 필요가 없다.

E. 활력 얻기: 초보 강사 시절에 일어난 사건이라 오히려 배울 수 있는 점이 많았다. 나의 마음에 거짓이 없다면 상대에게 그 마음을 공손히 표현하는 것이 현명한 방법이다. 블로그 폐쇄가 아니라 해당 게시물에 대해서만 삭제하는 것으로 편하게 처리할 수 있었다.

평상시 훈련된 긍정성은 나의 불안감을 낮추는데 도움이 될 것이며 이러한 심리적 상승 기류는 직장내 인간관계에 있어서도 합리형의 모습을 갖추는데 일조할 것이다.

실천 난이도(강) 합리형으로 살아라!

불안감을 내려놓기 위해 일과 타인의 비위 맞추기에 집중할 경우 자신의 마음상태와 더불어 가정, 인간관계, 건강 등에 적신호가 올 수도 있다. 내가 하고 있는 일과 행동에 대해 적절성, 타당성을 매순간 물어볼 수 있어야만 한다. 부적절하다면 용기 내어 그들에게 표현할 수 있어야 한다. 공손하게 거부감 없이 나의 의견을 말할 수 있는 방법은 나의 감정과 진짜 원하는 욕구를 거짓 없이 사실대로 표현하는 것이다.

"오늘까지 일을 마치라는 업무 지시를 받고, 조금 당황스러웠습니다.(감정) 모레까지 기한을 주셨던 건이라서 그보다 급한 건을 먼저 처리하고 있느라 빠르게 처리해도 내일은 되어야 가이드라인이 나올 것 같습니다.(상황 설명) 급하게 할 경우 실수가 생기니 괜찮으시다면 한 번 더 체크해서 내일까지 완료하면 어떨까 하는데요. 괜찮겠습니까?(욕구)"

실천 난이도(중) 긍정을 연습해 보자!

엄연히 따져보면 사실 불안감의 시제는 미래이다. 하지만 우리는 온전히 현재에 살고 있는 사람들이다. 미래의 불안을 해소하기 위한 방법은 현재의 불만족을 만족으로 바꾸는 것이다. 타당한 근거 없이 '잘 안 될 거야.' 라고 생각하는 것과 그것에서 비롯된 행동을 하고 있다면 자신의 사고를 긍정으로 바꾸는 훈련부터 해 나가야만 한다. 그렇게 된다면 불안에서 출발했던 타인을 위한 감정노동은 멈출 수 있게 될 것이다.

ABCDE 순서에 맞춰 연습해 보길 바란다.

A(불행한 사건) :

B(왜곡된 믿음) :

C(잘못된 결론) :

D(반박) :

E(얻은 활력) :

실천 난이도(약) Do not list 만들기

스스로 해야만 하는 일과 하지 않아도 되는 일들을 구분하고 리스트를 작성해 보길 권한다. 그리고 하지 않아도 되는 일을 내가 하고 있을 때 느끼는 감정, 그리고 그것에 따른 내가 누려야 하는 것들의 포기 또는 희생에 대해서도 생각해 보길 바란다.

타인의 비위 맞추기보다는 내 가치를 알리는 일에 더욱 많이 노력하도록 하자!

no. 2

'염려'로 감정노동 중인 당신에게

걱정, 걱정, 또 걱정

:: 사례

작은 지역에서 음악 학원을 운영하는 소미 씨와 지인 몇 명은 거주하는 동네에 여성 합창단을 만들자는데 뜻을 모았다. 그리고 단원 모집을 시작했고 처음 우려했던 것과는 다르게 경력을 갖춘 실력자들이 많이 모여 소미 씨와 창단 멤버들의 기분은 고무되지 않을 수 없었다. 단원들은 첫 연습 모임이 시작되기 전까지 SNS를 통해 소통하며 필요한 것들을 하나씩 준비하기로 했다. 그러던 어느 날, 3

살 아이를 둔 단원 한 명이 밤 12시가 다 되어 아무리 생각해도 아이를 키우며 연습에 참여하는 것이 힘들 것 같다며 탈퇴하겠다는 소식을 전해왔다. 그 단원은 누구보다 SNS를 통해 활발히 자신의 의견을 내놓았던 사람인지라 소미 씨는 이유를 들어보고 싶었다. 그리고 다음 날 따로 연락해서 이야기를 들어 봤다.

"아이가 24개월인데 아직 기저귀를 떼지 못했어요. 5살 때부터는 유치원에 보낼 예정인데 이 상태로는 맡길 수 없을 것 같아서 불안하고 너무 걱정이 돼요. 우선은 아이 양육하는 것에만 집중해야 할 것 같아요."

엄마가 자녀 양육에 집중하고 싶다는데 그것을 막을 수는 없었다. 소미 씨는 알겠다며 그녀의 탈퇴를 받아 들였지만 안타깝기만 했다. 사실 연습은 1주일에 1번 2시간 정도이고 아이가 5살이 되기까지는 아직 2년이나 남았기 때문이다. 물론 아이들을 데리고 와서 연습할 수 있는 공간과 시스템도 나름 마련이 되어있었다. 혹시 다른 이유가 있는 것은 아닌지 여러 번 물었지만 그녀의 대답은 하나였다. 아이가 유치원 가기 전까지 제대로 성장하지 못할까봐 걱정이 된다는 것. 무엇이 이토록 그녀를 걱정하게 만드는 것일까?

아이 엄마의 걱정은 아이의 육아에서 시작되었다. 하지만 걱정은 꼬리에 꼬리를 물고 마치 바이러스가 온 몸에 퍼지듯 현재 육아 이외에 하고 있는 모든 활동들을 중단하는 지경에까지 이르렀다. 이러한 걱정의 원인은 미래의 불확실성에서 오는 불안감과 자신의 문제해결력에 대한 낮은 자신감 때문일 것이다. 실제 한 연구 결과에 따르면 걱정이 많은 사람은 강박성향자보다 비관적이고 문제해결의 자신감이 떨어질 수 있으며 우울성향자보다 완벽주의적 성격이 도드라진다는 발표도 있었다.

응원이 필요한 당신에게

나의 지인 중에도 사례의 아이 엄마와 비슷한 친구가 있다. 5살 아이가 유치원을 가지 않겠다고 떼를 쓰는 것에서부터 친구의 걱정은 시작되었다. 아이의 불안한 마음을 잡아주기 위해 1년 육아 휴직을 결심했고 여태껏 직장을 쉬어 본 적이 없었던 그 친구는 아이를 위한 1년을 계획했다. 하지만 육아는 생각처럼 쉽지 않았고 자주 아이에 대해 걱정을 했다. 점점 자신이 아이를 잘 키우고 있는 것인지에 대한 자신감이 떨어졌다. 가끔 혼자서는 해결하기 힘들 것 같은 문제에 대해 염려되고 두려운 마음을 남편에게 내비치면, 안타깝게도 남편은 "넌 그게 문제야. OO은 잘 크고 있는데 미리 걱정하고 너무 조급해 하잖아.' 하는 식으로 오히려 친구를 다그쳤다고 한다. 결국 친구는 유명한 의사 선생님과 전문 상담기관에도 찾아가게 되었다. 아이의 성장에 문제가 있는 것은 아닌지, 혹은 본인이 알지 못해 놓치는 것은 없는지 모든 것에 노심초사 했던 친구였다. 전문가들은 아이가 아닌 엄마 자신이 매사 걱정이 너무 크다는 것을 알려 주었다. 일어나지 않은 일에 대해 미리 겁먹지 말고 차분히 하나씩 해 나가면 잘 할 수 있을 거라는 자신감을 키우는 것이 중요했다. 그러고 보면 남편의 말이 틀린 것은 아니다. 하지만 자신감이 낮아 걱정 바이러스가 침투한 아내에게는 무엇보다 "당신은 좋은 엄마고, 잘하고 있어." 라는 응원이 필요했던 것이다. 주변 사람들의 인정과 칭찬은 자신의 행동에 자신감을 가지는 큰 힘이 될 수 있기 때문이다.

불안과 걱정은 뒤에서 이야기하게 될 공포와는 다른 성격의 두려움이다. 공포에는 두렵게 하는 대상이 있지만 불안과 걱정에는 그것이 없다. 예를 들어 여성 혼자 어두운 밤길을 걷는데 뒤에서 덩치가 큰 남성이 걸어온다. 무섭다. 하지만 그 사람이 앞으로 나를 지나쳐 가고 무사히 집에 도착한 뒤에는 무서움이 사라진다. 이것이 공포다. 하지만 불안과 걱정은 집에 도착한 후에도 그런 일이 일어날 것만 같은 생각이 머릿속을 떠나지 않고 떠오르는 것이다.

일어나지 않은 일에 대한 염려가 클수록 생활은 엉망이 되고 말 것이다. 잠을 제대로 잘 수 없을 것이고 하는 일에 집중도 안 될 것이다. 결국 이렇게 삶의 만족도가 떨어지는 순간 '내 탓'을 하거나 '네 탓'을 하는 실수를 하게 되는 것이다. 그리고 이것은 낮은 자신감의 원인이 되어 자신의 욕구를 포기해 버리는 결정을 하는 악순환의 반복을 불러올 것이다.

당신의 주변에 미래의 일에 이런 저런 이유로 갈피를 못 잡고 마음을 쓰고 있는 염려증 환자가 있는가? 그렇다면 상대방에게 "괜찮

아. 아무 일도 일어나지 않을 거야.", "충분히 잘하고 있어." 라고 말해 주길 권한다.

너를 자기 밖에서 구하지 마라

요즘 아이는 유치원에서 초등학교 적응 훈련의 한 부분으로 일주일에 하루 받아쓰기 시험을 보고 있다. 매주 문제 난이도가 높아지는 형태인데 처음 시험에서 100점을 맞았고 두 번째 시험에는 80점을 맞아왔다. 80점을 맞은 날은 아이가 집에 와서 참 서럽게 울었다. 나는 2개 틀린 것도 정말 잘한 거라고 설명했지만 아이는 울음을 멈추지 않았다. 이유를 물었더니 친한 친구는 100점을 맞았는데 자신은 2개를 틀려서 속상하다는 것이었다. 그래서 나는 "OO이랑 상관없이 하윤이가 그 점수도 만족스러우면 잘한 거야. 엄마는 초등학교 들어갈 때까지 한글도 몰랐는데, 정말 잘했어." 라고 격려를 해 줬다. 하윤이는 "엄마! 그럼 나도 잘한 거지?" 라는 말로 확인을 했고 그 다음 시험부터는 정말 쿨하게 점수에 상관없이 받아쓰기를 즐기는 아이가 됐다. 하루는 10점을 받았는데도 괜찮다며 웃어 보이는 아이가 너무 귀여워 나도 덩달아 웃었던 기억이 있다.

우리가 스스로 삶의 만족도를 평가할 때 기준이 되는, 비교 대상으로 삼는 준거집단이 있다. 친한 친구, 가족, 직장 동료 등 주변 사람들이 주로 이에 속한다고 볼 수 있다. 행복은 지극히 개인의 주관적 만족도로 평가되어야 함에도 불구하고 외부 준거 집단과의 비교가 행복의 척도가 되고 있다. 나는 꼬리에 꼬리를 무는 걱정과 염려의 시작이 나의 내부가 아닌 외부에서 찾는 행복 때문은 아닐까라는 생각을 한다.

미국의 사상가 랄프 왈도 애머슨은 자기 자신을 믿는 데서 자신만의 재능이 발휘될 수 있다며 자기 신뢰(Self-reliance)를 강조했다. 그의 저서 <자기 신뢰>의 첫 장에는 이런 글이 써 있다.

'너를 자기 밖에서 구하지 마라.'

걱정이 많은 사람들은 현재 나에게 주어진 문제에 대해 해결하려는 의지가 약하다. 걱정거리는 불편한 감정을 유발하기 때문에 해결하기보다는 회피하는 것으로 욕구를 좌절시켜 버리기도 한다. 소미 씨의 생각처럼 아이 엄마는 굳이 합창단에서 빠질 필요까지는 없었던 것이다. 누구보다 의욕을 가지고 있었던 것으로 보아 그녀는 진짜 완벽주의적 성격의 소유자일지도 모르겠다. 완벽하게 해낼 자신감이 없다보니 그냥 도망치는 것으로 자신의 욕구를 포기한 것이다. 추측해 보건데 그녀는 합창단에 들어오기 전부터 육아에 대한 고민이 많았을 것이다. 불안한 마음을 의지할 자기 밖의 대상이 필요했고 그때 그녀의 눈에 합창단이 들어온 것일지도 모른다.

프랑스 심리학자 F.르로르와 C.앙드레는 행복을 강렬한 행복, 조용한 행복, 외부 행복, 내부 행복으로 분류했다. 외부 행복은 대기업에 취업을 하는 것과 같이 외부 상황에 좌우되는 것이고, 내부 행복은 스스로 가치 있다고 생각되는 일에 매진하여 성취감을 얻는 것과 같은 자신의 내면과 관계되는 행복을 말한다.

	내부 행복	외부 행복
강렬한 행복	스스로 정한 행복이란 목적을 달성하는 과정에서 느끼는 성취감 예>승진 시험 준비	순간적인 기쁨을 온몸으로 강하게 느끼는 감정 예>승진, 결혼, 연말 모임
조용한 행복	마음의 안정을 느낄 수 있는 것 예>수용의 자세, 삶에 대한 인정	흐뭇한 감정이 지속되는 만족감 예>가족과 대화, 형제 우애

① 외부의 행복 × 강렬한 행복 = 기쁨

② 외부의 행복 × 조용한 행복 = 만족

③ 내부의 행복 × 강렬한 행복 = 성취감

④ 내부의 행복 × 조용한 행복 = 안정

사람마다 행복의 가치를 어느 면에 두고 있는지에 따라 행복에 대한 정의는 바뀔 수 있다는 것이다. 타인의 행복을 모방하기 위해 애쓰고 따라가지 못한 부분 때문에 초조해하고 염려하며 살 것이 아니라, 나의 행복 가치 기준은 어디에 속하는지 발견하고 만족하길 바란다.

나는 어느 때 가장 행복한가? 라는 질문에 망설임 없이 대답할 수 있어야 한다. 외부, 내부, 강렬한, 조용한 행복 중 어느 것에 나는 민감하게 반응하는지 살펴보는 것으로부터 시작해야 할 것이다. 이 네 가지 행복 중 꼭 어느 것이 '좋다', '나쁘다'로 구별할 수는 없다. 그저 자신이 어느 때 해당 감정을 느끼는지가 중요한 것이다. 준거

집단과 비교가 아닌 내가 느끼는 행복의 가치를 발견할 수 있기를 바란다.

비움의 미학

현재의 삶에 만족할 수 있는 사람은 자기 신뢰가 높을 것이다. 그렇다면 만족하기 위해서 무엇부터 연습하면 좋을까? 채우기보다 비우는 쪽을 먼저 연습하길 바란다.

아는 지인 중 자기계발에 많은 노력과 투자를 아끼지 않는 여성이 있다. 예술, 스포츠, 교육 등 그 분야도 매우 다양했다. 처음엔 그녀가 말 그대로 자기계발에 굉장한 목적의식이 있거나 삶을 다채롭게 경험하며 행복을 즐기는 부류라고 생각했다. 하지만 어느 날 이야기를 들어보니 부부사이에 금이 가기 시작한지 한참이 되었고 결국 서로 이혼을 합의했다고 했다. 그러면서 마음의 답답함과 상대에 대한 화를 표출하기 위해 이것저것 닥치는 대로 배우고 훈련하기를 반복했다는 것이다. 물론 감정을 회복하기 위해 스트레스의 원인이 된 사건에 대한 생각을 내려놓을 수 있도록 다른 것에 집중하는 일은 매우 좋은 방법이라 할 수 있다. 하지만 나는 정말 그럼으로써 그녀의 마음이 편안해지고 가벼워졌는지 물어보았다. “아니요, 목표한 것을 이루기 위해 집중하지만 그것을 멈추는 순간 다시 공허해지고 허한 마음은 채워지지 않더라고요. 그러면 또 다른 목표를 세우고 집중할 수 있는 다른 것을 찾게 되고요.” 그녀는 왜 비우기보다 채우는 쪽을 택했을까? 비움은 빼앗기는 것만 같고 무엇인가 버린다는 것이 주는 상실감과 두려움을 떨쳐내는 것이 어렵기 때문이다. 그렇다 보니 마음의 불편함을 달래기 위해 채우는 쪽을 선택하는 것이다. 늘 깨어 있어야 하고 바삐 움직여야 하기 때문에 조급하며, 혹시 이를 채우지 못할까봐 마음의 걱정과 염려는 줄어들지 않는 것이다. 그러나 비운다는 것은 지금 누리고 있는 행복과 추억, 기억까지 버리는 것을 뜻하는 것이 아니다. 나의 발목을 잡고 있는 부질없는 과거, 욕심, 아집, 미움, 두려움을 내려놓는 것을 의미한다. 그리고 이것은 내부의 조용한 행복으로 이어질 것이다. 잘 비우기 위해서는 틈틈이 나를 들여다봐야 한다.

우리에게 많이 알려진 이야기 중 큰 스님과 젊은 스님에 관한 것이 있다. 어느 날 현명한 큰 스님이 제자로 젊은 스님을 받아들였다. 그런데 제자는 모든 일에 불만이 가득했다고 한다. 어느 날 아침, 큰 스님은 제자를 불러 소금 한 줌을 작은 물 컵에 털어 넣게 하더니 그 물을 마시게 했다. 그러자 제자는 얼굴을 잔뜩 찡그리며 그 물을 마셨다. 큰 스님이 "맛이 어떠냐?" 라고 묻자 제자는 "짭니다." 라고 대답했고, 큰 스님은 다시 제자에게 소금 한 줌을 가져오라 하고 근처 호숫가로 제자를 데려갔다. 그리고 소금을 쥔 제자의 손을 호수 물에 넣고 휘휘 저었다. 잠시 뒤 큰 스님은 호수 물을 한 컵 떠서 제자에게 마시게 했다. 다시 "맛이 어떠냐?" 라고 물었고 제자는 "시원합니다." 라고 대답했다. 그러자 큰 스님이 말했다. "인생의 고통은 순수한 소금과 같다지만 짠맛의 정도는 고통을 담는 그릇에 따라 달라지니 지금 네가 고통 속에 있다면 컵이 되지 말고 스스로 호수가 되어라."

마음에 여백의 공간이 없는 사람은 스스로 인생의 고통과 스트레스를 정화시킬 수 있는 마음의 여력이 그만큼 작을 수밖에 없는 것이다. 우리에겐 걱정, 염려를 버릴 수 있는 마음의 휴지통이 필요하다. 이것이 우리가 채움보다 비움에 노력해야 하는 이유일 것이다.

실천 난이도(강) 실천의지 강화하기

내가 채우고 싶어 하는 것들을 적어보도록 한다. 원하는 것, 갖고 싶은 것, 바라는 것, 하고 싶은 것 등을 적어 본 후 각각을 기대하는 원인을 확인하고 달성을 위해 실천하고 있는 것은 무엇인지 적어본다. 또한 스스로 목표에 대한 실천 정도는 몇 점인지 체크하도록 한다.

욕구	단계별 실천 내용	실천 점수

실천 난이도(중) 긍정적 감정의 체험

자신의 욕구를 포기하지 않도록 자신감을 향상시킬 수 있는 체험 활동을 하도록 한다. 음악 감상, 독서, 산책, 호흡 단련과 같이 쉽고 편하게 즐길 수 있는 활동이나 자신의 강점을 활용한 목표를 세우고 달성을 위한 실천을 하는 것도 좋다. 일명 행복 호르몬으로 불리는 세로토닌 분비를 위한 방법들을 활용하는 것도 도움이 될 것이다.

1. 아침 햇빛 속에서 걷기, 조깅, 요가 등 규칙적인 운동하기
2. 타액이 분비되어 세로토닌의 활성화를 돕는 음식 잘 씹기
3. 체내에서 세로토닌의 재료가 되는 트립토판이 함유된 유제품, 견과류 섭취하기

실천 난이도(약) 행복 가치 발견하기

걱정이 머릿속을 가득 메울 때 그 걱정의 실체가 존재하는지 분석해 보도록 한다. 내가 염려하는 일들이 실제로 일어날 경우를 적어보고, 자신이 적은 각자의 일들을 어떻게 해결해야 하는지를 스스로 찾아보는 것이다. 다소 극단적으로 진짜 최악의 경우 '까짓 거 어쩔 수 없지.'하는 최소한의 배짱을 만들어 보는 것도 좋을 것이다.

염려가 현실이 될 경우 벌어질 일	해결을 위한 대처 방법
경험이 없는 업무 배정을 받거나 연고가 없는 지역으로 인사 발령을 받을 수 있다.	이직을 하거나 주말 부부로 신혼을 즐길 수도 있다.
-	-
-	-

no. 3

'공포'로 감정노동 중인 당신에게

그대 앞에만 서면 왜 작아지는가?

:: 사례

소심 씨네 부서의 아침 회의 시간은 그야말로 공포의 도가니이다. 일 처리에 있어서 크게 문제가 되었다거나 도저히 해결 방법이 없어 손실을 피할 수 없게 된 상황이 아닌데도 상사는 한 명 한 명 돌아가며 인신공격을 한다. 그럴 때마다 소심 씨는 심장이 두근거리고 머리가 하얗게 되면서 살갗에 소름이 돋기 일쑤다. 또 그런 날은 하루 종일 마음이 불안해서 일에 대한 몰입도 상당히 떨어진다. 그렇다고 상사에게 언성을 높이거나 인신공격은 하지 말아달라는 식의 말을 하는 것은 상사에 대한 좋은 매너가 아닐 것 같아 괜찮은 척 대범한 표정을 짓고 웃어 보이지만 하루하루가 버티기 힘들다.
이제는 그 상사가 주관하는 미팅이나 회의가 있다고 하면 시작하기 전부터 두통이나 복통이 생기는 것 같기도 하다. 특히 상사가 회의 중 말을 멈추고 소심 씨를 쳐다보기라도 하면 그 순간 심장이 멎을 것 같은 두려움이 극에 치닫는다.

얼마전까지만 해도 직장 안에서 공포를 느낄 정도로 상사의 폭언에 시달리는 경우는 굉장히 흔한 일이었다. 나는 강의 시간에 여러 업종의 기업에서 참여한 교육생들에게 상사나 거래처 사람 또는 동료들에게 들었던 말 중 참기 힘들었던 말을 적어보는 시간을 가졌다. 그들에게서 공통적으로 나왔던 말들은 아래와 같다.

"지금 일한지가 몇 년인데 아직도 이런 거 하나 처리를 못해? 이딴 식으로 할 거면 그만 둬!"

"이따위밖에 안 돼?"

"한 번 더 그렇게 행동하면 쓰레기 만들어 버릴 줄 알아!"

"핑계 대지마! 뭔 말이 그렇게 많아?"

"너희들은 생각 같은 거 하지마."

"또 너냐?"

"일하기 싫지? 그럼 하지 마."

"일들은 다 해놓고 쉬고, 휴가는 쓰는 건가?"

"야, 이 멍청한 것들아!"

이런 말을 들을 때마다 내 스스로가 비참하게 느껴지고 반항심이 솟구치지만 그냥 참을 수밖에 없다는 것이다. 그리고 타들어간 속은 퇴근 후 술로 푼다는 것이 대부분의 이야기였다. 그냥 좋은 말로 잘 설명해주어도 충분히 알아듣고 잘못된 부분은 고치려고 노력할 텐데 꼭 소리를 지르고 욕설을 하는 식으로 공포스러운 분위기를 조성하는 사람이 있다는 것이다.

그리고 이런 상사의 모습에 함께 화가 치밀어 올라 분노하는 사람이 있는가 하면 위협감을 느낀 나머지 소심 씨처럼 모든 생체 기능이 제대로 작동되지 못하는 사람도 있다.

이성의 뇌 회복하기

당신의 주변에 짜증을 잘 내거나 소리를 지르며 폭언을 일삼는 사람이 있는가? 그가 만약 친구라면 자연스럽게 그 친구가 나오는 모임에 가지 않으면 될 것이다. 하지만 그가 나의 가족 중 한 명이거나 직장 동료, 거래처 실무자 등 의지대로 끊을 수 없는 관계라면 어떨까? 게다가 그 상대가 나보다 나이가 많거나 직급이 높은 윗사람일 경우라면 느껴지는 감정이나 생각을 마음껏 표출할 수 없어서 더욱 큰 스트레스를 받게 될 것이다.

그래도 당신이 아랫사람이고 이 또한 직장 적응에 따르는 과정이니 참고 견디라고 하는 것은 너무나 야속한 이야기일 것이다.

사례의 소심 씨가 느낀 감정은 그저 그 사람이 싫어서 마음이 편치 않은 정도의 감정이 아니라 신체적 반응으로까지 연결되는 겁이 나고 무서운 공포인 것이다. 이런 공포의 상황에서 사람은 어떻게든 그 위험한 상황에서 벗어나기 위해 그 사람과 떨어질 수 있는 방법으로 이직이나 퇴사를 찾게 될 것이다. 소리를 지르고 분위기를 험악하게 만든 것은 그쪽인데 내가 퇴사를 하는 것은 억울하지 않은가? 그렇다고 그냥 무턱대고 참고 버티는 것은 내 몸과 마음 건강을 해치는 일이다. 그러니 버럭 상사의 호통의 순간, 심하게 얼어버린 나의 뇌를 녹여서 감정과 이성이 절충한 후 합리적 사고를 결정할 수 있도록 도와야만 한다.

한 예능 프로그램에서 공포 체험이 방송된 적이 있었다. 멤버들이 어두운 공간을 걸어가고 중간 중간 효과음과 함께 사람들이 흔히 두려운 감정을 느낄 수 있는 '가발, 흰 옷, 잘려진 손목 인형, 붉은 피 색깔'과 같은 요소들이 발밑이나 천장, 벽에서 갑자기 나타나는 식이었다. 멤버들은 으레 그런 장치가 되어 있을 것이라고 예상을 했고 그게 두려운 마음을 방어해 줄 것이라고 믿는 눈치였다. 하지만 멤버들이 예상했던 공포의 요소들이 출현하는 순간들—갑자기 어두워지거나 긴 머리카락의 가발이 나타나거나—이 펼쳐지면 공포지수가 더욱 강해지는 것이 멤버들의 몸의 수축과 표정, 소리의 떨림 등을 통해 고스란히 전해졌다.

정신의학자 D.J. 시걸은 '내면으로부터의 양육'에서 인간의 기억은 내현기억과 외현기억으로 나누어 볼 수 있다고 했다. 내현기억은 태어나서부터 평생에 걸쳐 인간의 지각, 감정, 신체감각 등의 경험들이 비언어적 기억의 형태로 존재하는 것이다. 이를테면 부모의 냄새, 빛, 음식의 맛, 배고픔의 감각, 크고 쩌렁거리는 소리가 주는 두려움을 우리 뇌가 기억한다는 것이다. 무의식 속에서 우린 내현기억을 사용하여 대상을 느끼고, 행동하고, 감각하는 것이다. 외현기억은 우리가 흔히 기억이라고 말하는 그것이다.

아마도 예능 프로그램의 멤버들이 반응하게 된 감각 역시 '어둠, 붉은 색, 긴 머리카락, 해체된 신체'에 대한 내현기억일 것이다. 소심 씨와 같은 상황에서 다른 동료들은 가볍게 느끼는 불편함에 소스라치게 놀라거나 공포심을 느끼고 있다면 '큰 목소리, 흘겨 뜬 눈' 등에 대한 자신의 내현기억을 더듬어 보는 시간을 가져야 한다.

- 과거의 경험 중 내가 생각하는 위협적인 존재가 있었는가?
- 크게 언성을 높여 "이 놈의 집구석 내가 들어오나 봐라!" 라는 말로 고함과 함께 밥상을 엎으며 가족들을 공포의 분위기로 몰고 갔던 아버지나 또는 비슷한 경험이 있는가?
- 내가 싫어했던 사람들이 나를 질책하거나 나무랄 때 눈을 흘기거나 째려보며 말했는가?

이와 같이 말이다. 상대방의 행동을 내가 쉽게 바꿀 수 없는 경우라면 내가 수용할 수 있는 방법을 빠르게 찾아봐야 하며 그 안에 나에게 혹시 무의식적으로 반응되는 부정적 내현기억의 요소들은 없는지 세심한 관찰이 필요할 것이다. 대한민국의 모든 소심이들이 마음의 소심함으로 몸의 건강을 해치는 불행한 일들이 생기질 않기를 바란다.

조금 다르게 보면 그도 안쓰러울 수 있다

다시 한 번 묻겠다. 당신의 주변에 짜증을 잘 내거나 소리를 지르며 폭언을 일삼는 사람이 있는가? 그 사람은 언제부터 무슨 이유로 버럭이가 되었는지 혹시 알고 있는가?

그다지 언성을 높일 일이 아닌 데도 불구하고 유독 격하게 반응하는 사람들이 있다. 그야말로 평소 느끼고 표현하는 감정의 강도가 센 사람들이다. 그들에게는 공통된 점이 있다. 바로 숨기고픈 불안과 두려움이 화와 분노로 표출된다는 점이다.

직장 생활을 하며 참 못된 상사였던 적이 있다. 나는 한 통신사의 고객센터에서 상담실장으로 근무한 적이 있다. 당시 우리 실은 총 12명의 신입 사원들로 구성되어 있었다. 물론 신입 사원들로 구성된 팀이 우리 실 말고도 하나 더 있었으나, 그 팀과 우리 팀의 다른 점이라면 우리 팀은 인턴실에서의 근무 성적이 좋지 않은 사람들만 모아 놓았다는 것이었다. 회사 측에서는 6개월 동안 실력이 향상되지 않을 경우 이들의 정직원 발령을 보류하겠다는 방침이었다. 그

시절에 정직원 발령을 보류한다는 것은 자진 퇴사를 의미하는 말이기도 했다. 나는 그야말로 긴장 속에서 하루하루를 버티고 있었고 내 생각만큼 실력이 향상되지 않는 실원들을 볼 때마다 답답함과 짜증이 쌓여만 가고 있었다. 그러던 어느 날, 고객만족도 점수가 나왔는데 내가 염려한대로 우리 팀은 전체 실에서 꼴찌를 했다. 난 순간의 화를 참지 못해 점심식사를 마치고 돌아오는 실원들을 향해 소리를 질렀던 것으로 기억한다.

"너희들은 일을 이따위로 하고 밥이 목구멍으로 들어가지?"

지금도 그때 실원들과 모임을 유지하고 있는데 이제는 언니 동생사이가 되어버린 그녀들이 말하기를, "그때 언니 진짜 무서웠어." 라고 했다. 그때의 사건은 우리들 사이에서 결코 잊지 못할 고약한 기억이 되어 있었다. 물론 나도 그때를 떠올리면 왜 그랬을까와 더불어 미안한 마음이 참 크다.

사람은 누구나 원하고, 바라고, 되었으면 하는 욕구를 가지고 있다. 그리고 그 욕구를 충분히 충족시키지 못하면 만족도가 떨어지고 불만족은 내가 밀릴 것 같은, 빼앗길 것만 같은 불안과 걱정, 염려를 생산하게 된다. 그야말로 고통인 것이다.

그런데 혹시 아는가? 분노의 영어 표현인 'anger'는 근심이나 괴로움, 또는 고통을 의미하는 것으로 고대 스칸디나비아어의 'angr'에서 유래했다고 한다. 어원에 따르면 분노는 고통이고 사람들에게 고통을 가하는 것이라고 말할 수 있다. 화를 표출하는 사람 옆에는

고통스러워하거나 두려움에 떠는 사람이 있다. 버럭 상사와 소심 씨가 여기에 해당할 것이다. 소심 씨 앞에서 버럭 화를 내고 있는 상사도 소심 씨와 마찬가지로 두려움과 불안이 가득할 수도 있다는 것이다. 그런 마음이라면 공포의 대상보다는 안쓰러운 연민의 대상으로 그를 바라볼 수도 있을 것이다.

모든 사람의 심리적 기제(행동방식)에는 반드시 그 이유와 의미가 있기 때문이다.

행동할 수 있는 용기

내현기억을 더듬는 것으로 나의 내면에 공포를 유발시키는 기억의 찌꺼기가 있는지 살펴보았고, 상사의 버럭 속에 고통과 충족되지 않은 불안의 욕구가 있을 수도 있다는 것을 우리는 알게 되었다. 하지만 어찌되었든 공포스러운 감정을 유지한 채 그 대상과 한 공간에서 일을 한다는 것은 끔찍한 일이다.

2014년부터 시작된 드라마 미생의 열풍은 2015년 초까지도 이어졌다. 직장인의 애환을 진솔하게 녹여냈을 뿐만아니라 연기자들의 명품 연기가 인기의 비결이었다. 무릎을 치게 만들었던 수많은 명장면들 중 내가 기억하는 장면이 있다. 상사에 대한 아첨과 더불어 직원들을 괴롭히는 최고 악질로 출연하는 마 부장과 직속 부하들에게 생긴 일이다. 어느 날 거래처가 도산하는 예상치 못한 일이 발생했고 그 소식에 화가 난 마 부장은 도대체 일처리를 어떻게 하는 거냐며 언성을 높여 직원들을 한 명씩 질책한다. 그 과정에서 전화기를 들고 직원들의 가슴 부분을 짓누르는 행동을 하게 되는데 모두가 숨죽여 그 화나는 상황을 꾹꾹 참고만 있는 것이다. 그때 누구보다도 마 부장에게 붙어 아첨을 일삼았던 과장이 한 발 앞으로 나가 부장의 전화기를 한 손으로 뺏어든다. 그리고 그의 눈을 똑바로 응시한 후 "다시는 저희들 몸에 손찌검하지 말아주십시오." 라고 정중하게 부탁을 하며 90도 인사를 하는 장면이다. 마 부장은 예상치 못한 부하의 반응에 어리둥절한 모습을 보인다. 그리고 장면이 바뀐 후 직원들은 비상구 계단에 모여 있다. 벽에 기댄 채 서 있는 과장은 마 부장에게 다시 크게 곤욕을 치를 일을 생각하며 손끝부터 발끝까지 그야말로 '덜덜덜' 떨고 있다. 그런 그를 향해 동료 부하직원들이 한 마디씩 말을 한다.

"잘하셨어요. 과장님."

"고맙습니다. 과장님."

그라고 왜 두렵지 않았겠는가? 그럼에도 불구하고 그가 그런 돌발 행동을 할 수 있었던 것은 용기였다. 마 부장의 후폭풍이 몰아친다면 후회의 마음이 클까? 아마 전혀 후회하지 않는다면 그것은 거짓일 것이다. 후회는 되지만 동시에 스스로가 대견하고 괜찮다고 느껴지고 자신의 행동에 다소 상기될지도 모른다. 우리는 그렇게 조금씩 공포의 대상으로부터 여유라는 것을 찾을 수도 있다.

두려움 때문에 용기 있는 행동을 멈춘다면 대상에 대한 두려움과 공포는 학습되어 아주 작은 눈 흘김으로도 감정이 곤두박질치는 상황에 내몰릴 수 있다. 막연한 두려움을 느끼는 불안과 다르게 공포는 분명한 대상이 존재한다. 그 대상에 조금씩 다가가 마음의 거리를 좁힐 수 있는 용기가 필요하다.

실천 난이도(강) 연민으로 수용하기

마음에 들지 않는 어떤 사람의 말과 행동에 대해 온전히 수용한다는 것은 굉장히 어려운 일이다. 그것이 나의 생명을 위협하는 것과 같은 공포의 사건들이라면 더더욱 그럴 것이다. 수용이라는 것은 어느 한 순간에 착한 마음 쓰임으로 얻을 수 있는 것은 아니다. 감정을 회복할 수 있는 수용의 단계가 있다.

첫 단계는 상대방의 말과 행동에 대해 '어떻게 그럴 수가 있지? 인간도 아니야.' 라는 식의 분노이다. 그 다음은 '나를 향한 것은 아니었을 거야.'의 부인, '그 사람도 처음부터 버럭쟁이는 아니었어. 회사의 손실이 걱정되고 염려되어서야.' 라는 합리적 사고에 의한 타협이 필요하다. 그렇게 충분히 그를 이해할 수 있을 때 수용은 가능한 것이다. 단계는 다음과 같다.

분노 - 부인 - 타협/절충 - 애도-수용

실천 난이도(중) 상대의 연민 자극하기

누구나 자신의 행동이 잘못되었다고 지적을 받는 것에 익숙하지 않고 그런 상황에 앉아 있는 것을 불편해한다. 특히 버럭쟁이들의 경우 감추고 싶은 불안과 두려움이 버럭의 출발인 경우도 있기에 더욱 조심해야 한다. 그들에겐 '당신이 이래서 내가 이런 마음이 들었어요.' 하는 식의 전달보다는 '내가 이런 상황이라 이 부분이 불편해요.'하는 식의 나를 주체로 한 전달이 조금 더 유용할 수 있다.

"제가 어렸을 때 아버지가 큰소리로 고함을 지르는 경우가 많았어요. 그래서 누구든 큰소리로 말하면 호통을 치는 것만 같아서 마음이 소심하게 변해버려요."

그런 당신에게 버럭쟁이 상사는 연민을 느끼고 조심할 수도 있을 것이다.

실천 난이도(약) 내현기억의 조각 맞추기

상대방을 향한 행동을 하는 것이 어렵다면 내면에 자리 잡은 두려움과 공포를 강하게 느끼고 있는 나만의 소심 씨를 토닥여 주도록 하자. 내가 공포심을 느끼는 경우들을 리스트로 모두 적어 보도록 한다. 그리고 그것들이 가리키는 사건들 속에 내가 느꼈던 감정, 들었던 말, 보았던 행동들을 스캔하듯 떠올려 특별히 나를 움찔하게 만드는 것들은 없는지 체크하도록 한다.
상대방의 말과 행동이 아닌 내면의 내현기억이 발현한 것이라면 이것을 인정하자.

no. 4

'두려움'으로 감정노동 중인 당신에게

진상고객 출입 금지

'무릎을 꿇다'의 사전적 의미는 '항복하다', '굴복하다'로 되어 있다. 당신은 인생을 살아오면서 누군가에게 사죄하거나 항복하기 위해 무릎을 꿇어본 적이 있는가? 혹은 누군가의 무릎을 꿇게 한 적이 있는가? 보통 사람들은 평생을 살며 한 번도 경험하기 힘든 일이 서비스 현장에서는 왜 이리 자주 일어나는 것일까?

물론 중세의 계급 사회나 서열 중심의 조직에서는 간혹 일어날 수 있는 일일지도 모르겠다. 하지만 우리가 살고 있는 현재는 계급 사회가 아니다. 그런데도 이런 일들이 발생하고 있다는 건 특정한 장소나 대상에게는 우리 눈에 보이지 않는 정서적 계급의 존재가 상식이 되었기 때문이라고 밖에 해석할 수 없다. 아직은 분화 후진국인 것이다.

무릎을 꿇는 순간 직원들의 감정은 억울하고 씁쓸할 것이다. 더러는 비참함을 느낄 수도 있다. 그리고 이후로는 또 다시 치욕스러웠던 순간이 반복될까봐 비슷한 성향의 고객을 응대하는 것에 두려움과 공포감이 형성될 것이다. 무작정 떼를 쓰고 원하는 것을 얻기 위해 행동화를 서슴치 않는 고객은 또 어떤가? 이 또한 공포의 대상일 수밖에 없다.

:: 사례

공공기관에서 산재보험 보상 업무를 맡고 있는 영미 씨는 민원인을 볼 때마다 가슴이 두근거린다. 보상업무의 특성상 민원인들과의 접점에서 전화 또는 대면 상담을 통해 업무를 하는 경우가 많다. 그 중에서도 특히 방문 민원을 응대하다 보면 예상치 못한 돌발 상황이 발생하는 경우가 종종 있다. 지난 4월에 방문한 한 민원인은 몇 해 전 요양 종결 후 장애 판정을 받았고 예방관리 대상으로 지정되어 치료를 받고 있었다. 당시 민원인은 그동안 받았던 보상의 기간 연장이 불가능하다는 통보를 받았고 이에 대하여 이의제기를 신청해 둔 상태였다. 오후 4시경쯤 담당 부장님과 상담을 하던 중 그 민원인이 갑자기 의식을 잃으며 회의탁자에 쓰러지는 상황이 발생했다. 마침 기관에 내방 중이던 자문의사와 간호사 출신의 부서 직원의 도움으로 응급조치를 한 후 안전하게 병원 응급실로 후송되었다. 그런데 한참이 지나 의식을 회복한 민원인이 오히려 담당자에게 욕설을 하며 왜 자기를 살렸냐고 크게 항의하는 소란이 벌어졌다. 당시 민원인이 의식을 잃고 쓰러진 원인은 처방받은 정신건강의학과 약제에 수면제 및 수면유도제가 포함되었기 때문인 것으로 확인되었다. 물론 영미 씨가 근무하는 부서 내방 시점에 맞추어 미리 약제를 과다 복용해서 일부러 이런 상태를 만든 것인지에 대해선 확인되지 않았지만 영미 씨는 무서운 생각이 자꾸만 들었다.

그 후 폭언이나 욕설을 하는 악성민원을 응대하는 것보다도 이처럼 전혀 예상치 못한 응급상황이 발생하게 되는 것에 예민해지지 않을 수 없게 되었다. 민원인이 기관에 내방했을 시 혹시라도 자해를 하거나 우발적인 행동을 하지는 않을까하는 걱정이 크다보니 점점 소극적인 태도로 민원응대를 하고 있는 자신을 발견하게 된다.

트라우마 밖으로 나오기

트라우마(trauma)는 일반적인 의학용어로는 '외상'을 뜻하지만 심리학에서는 '정신적 외상 충격'을 말한다. 쉽게 '자라 보고 놀란 가슴 솥뚜껑 보고 놀란다.'는 우리 속담에 빗대어 이해하면 좋을 것이다. 업무 중 예상치 못하게 일어난 일이 영미 씨에게는 아직도 충격일 수밖에 없다. 그리고 당시 느꼈던 공포의 감정이 이미지와 함께 고스란히 영미 씨의 장기 기억 장치에 보관되고 있을 것이다. 또 그

기억은 기관에 이의 제기가 있어 찾아오는 모든 민원인을 두려움의 대상으로 바라보게 할 것이다. 영미 씨처럼 상대방이 두려움의 대상으로 인식되는 순간 인간은 본능적으로 그것으로부터 도망치려는 방어기제를 사용하게 된다. 빨리 그 상황이 끝났으면 하는 바람에서 부당한 요구를 하는 고객에게까지 항복의 메시지를 보내는 결정을 하는 것이다. 그리고 이것이 바로 강한 클레임을 걸어오는 고객에게 '에잇, 어쩔 수 없잖아.' 라는 마음으로 쉽게 무릎을 꿇어버리는 감정노동자들의 대처 방식이기도 하다. 트라우마는 두려운 마음에 아무 행동도 할 용기가 나지 않는 것이지만 어쩌면 아무것도 행동하지 않았기 때문에 나아지는 것 없이 불안하고 두려운 감정만 증폭되는 것인지도 모른다.

"안정환 선수가 아무리 많은 야유가 있어도 묵묵히 참고 끝까지 경기를 치르고 경기 후에 제소를 하거나 상대팀 팬들의 나쁜 점을 지적했으면 전 안정환 선수를 존경했을 겁니다. 하지만 경기 중에 가족과 아내에 대한 모욕을 참지 못하고 관중석으로 뛰어들었기 때문에 전 안정환 선수를 사랑합니다."

(2007년 MBC 라디오 신해철의 '고스트네이션' 中)

나는 故 신해철의 수많은 어록 중에서 그가 라디오에서 들려주었던 이 말을 잊을 수가 없다. 존경과 사랑에 대해 밤새 고민하게 만들었던 그의 말. 우리는 저마다 각자의 인생을 살아가는 소중한 사람이다. 직장에서 주어진 직급과 역할을 충실하게 해내며 존경을 받고 책임을 지는 것도 중요하지만, '나'를 해치면서까지 그 존경을 유지할 필요가 있을까라는 반문을 하고 싶다. 트라우마에 허우적거리는 것도, 트라우마의 기억을 끊어내 버리는 것도 결국 본인이 선택하는 것이다. 또 하나를 버려야 하는 용기도 필요하다. 무릎을 꿇는 것으로 문제가 해결될 수 있다고 착각하지 않기를 바란다. 타인으로부터 받는 존경보다 더 귀한 것은 나 스스로를 사랑하는 마음이다.

시작이 반이다

미국의 변호사 토마스 A 슈웨이크(Thomas A Schweich)는 2003년 빌 클린턴 전 대통령과 기업의 CEO, 세계에서 성공한 100인을 인터뷰했다. 그는 성공한 100인에게 "당신은 일을 하면서 두려움을 느껴본 적이 있습니까?" 라는 질문을 했다. 100명 중 80명이 "그렇다." 라고 대답했고 이에 그는 의외의 결과라고 말했다. 많은 사람들은 으레 자신의 분야에서 성공한 사람들이 새로운 일이나 도전에 있어 두려움 없이 앞으로만 전진했을 것이라고 생각한다. 하지만 인터뷰 결과처럼 이들도 역시 실패를 걱정하고 두려워했다.

시작이 반이라는 말이 있다. 당장 두려운 공포의 대상을 아군으로 생각하라는 것이 아니다. 생각의 변화를 가져야겠다는 의지만 있으면 된다.

콜센터에서 상담사로 근무할 당시의 일이다. 그 당시 상담사들이 민원 고객응대를 할 때 당황하지 않고 정확하게 일처리를 할 수 있도록 전산 표시를 했었다. 할로윈 호박의 개수로 컴플레인 정도의 성향을 1개부터 5개까지 표시한 것이다. 그런데 이 표시는 오히려 상담사들을 더욱 긴장하고 위축되게 만들었던 것 같다. 고객의 상담 전화가 걸려옴과 동시에 전산에 표시되는 할로윈 호박 5개는 상담이 시작되기 전부터 긴장을 유도하는 역효과를 만들기도 했던 것이다. 나 또한 이러한 민원성 고객의 전화를 받게 되면 혹시 작은 실수라도 하게 될까봐 모든 신경을 곤두세워 상담을 했다. 하지만 여러 차례 고객을 응대하다보니 할로윈 호박의 개수가 고객의 성향과 정확히 일치하지는 않는다는 사실을 깨닫게 되었다.

어느 날 여러 상담사들과 통화를 했음에도 불구하고 자신이 원하는 일처리가 제대로 진행되지 않은 것에 화가 많이 난 고객과 통화 연결이 되었다. 통화가 길어질 것을 미리 예측했기 때문에 조급해하지 않고 여유를 가지려 애썼다. 그렇게 긴 시간 고객의 불편을 들어주고 내가 해결할 수 있는 한도에서 대처방법을 안내해 드렸다. 의외로 문제는 간단히 해결되었고 그 후 고객은 감사의 표시로 내게 선물을 보내주기도 했다. 만약 내가 전산표시만을 생각해 두려워하고 위축되었다면 큰 클레임의 상황을 만들었을지도 모른다. 시작도 하기 전부터 겁을 내는 것은 아무런 도움이 안 된다는 것을 알 수 있다. 일을 하며 강성의 민원인을 만나지 않으면 된다. 하지만 현장에서 고객을 선택하여 응대할 수는 없다. 문제가 생기지 않도록 예방하면 된다. 하지만 이 역시도 돌발 상황이라는 것이 존재하기에 완벽한 방어가 될 수는 없을 것이다.

결국 부딪히는 것이고 얼마만큼의 여유를 가지고 있느냐가 열쇠가 될 것이다. 여유는 실력에서 나오는 것이다. 그 실력은 평상시에 얼마만큼 준비되어 있는지가 반영된 것이다. 서비스 현장에서 억울하게 무릎 꿇지 않기 위해서는 클레임에 대처할 수 있도록 평상시 불만고객 응대 요령이나 상대방을 설득할 수 있는 효과적인 감성 커뮤니케이션 능력을 향상시킬 필요가 있다.

운전면허를 딴 후 처음 중고차를 구입해 운전석에 앉았던 첫 날을 지금도 잊지 못한다. 이모가 드라이브 시켜줄 테니 따라오라며 어린 조카 두 명을 차에 태웠다. 하지만 그날 조카들은 아파트 주차장만 구경했을 뿐이다. 겨우 시동을 켠 내가 라디오를 켠 후에도 차의 기어를 10분 동안 P(주차)에서 더 이상 바꾸지 못했기 때문이다. 그랬던 내가 지금은 매년 5만 킬로미터 이상을 주행하는 운전자가 되어 있다. 물론 운전석에 앉는 매순간 긴장의 끈을 놓을 수는 없지만 두려운 것은 아니다. 여러분도 구더기 무서워 장 못 담그는 일이 없길 바란다.

긍정으로 세뇌하기

사례의 영미 씨에게 일어난 일은 사실 일어나지 않은 일이기도 하다. 물론 사건 자체가 없었던 일이 되지는 못하지만 사실만 놓고 본다면 다행스럽게도 빠르게 응급처치가 이루어졌고 생명도 구할 수 있었다. 영미 씨가 일어나지 않은 일의 안 좋은 결과를 생각하며 두려워할 것이 아니라 잘 대처했던 긍정적인 사실에 좀 더 집중할 수 있어야 한다. 그러기 위해서는 평소 긍정적 사고 훈련이 잘 되어 있어야 한다.

우리에게 잘 알려진 원효대사에 얽힌 이야기가 있다. 원효대사가 의상대사와 함께 당나라로 가는 길에 동굴에 들어가 하룻밤을 보냈고 어둠 속에서 맛있게 물을 마신다. 그러나 다음날 아침 그 물이 해골 바가지에 고여 있던 썩은 물이라는 것을 아는 순간 다 토해낸다. 밤사이 마신 물이 바뀐 것은 아닐 것이다. 바로 생각이 몸과 마음을 지배하기에 이 같은 반응이 나오는 것이다.

그렇다면 왜 이런 현상이 발생하는 것일까? 바로 이것을 심리학과 인지신경학에서는 '아래-위(bottom-top) 사고처리'와 '위-아래(top-down) 사고처리' 방식을 들어 설명한다.

감각을 통해 실제 보고 듣고 느끼는 등의 사실 정보를 알아차린 후 인지하는 경우 아래-위 사고처리에 속하며, 예상과 추론을 통해 정보의 범위를 좁혀가는 방식은 위-아래 사고처리에 해당한다는 것이다. 일어나지 않은 일이지만 우리가 어떻게 믿고 사고하느냐에 따라 몸과 마음의 반응이 결정되는 것이다. 일을 하며 고객을 떠올릴 때마다 무섭길 바라는 사람은 한 명도 없을 것이다. 무턱대고 그런 고객이 나를 찾아오지 않기만을 바라기보다는 마음의 근육을 단련시켜 단단하게 정비하는 것이 어떨까? 긍정적인 사고로 나를 세뇌시켜 보는 것이다.

'걱정하는 일은 일어나지 않는다.'

'세상에는 착한 사람이 훨씬 많다.'

'힘들어 하는 사람을 보면 도와줄 것이다.'

'차분히 설명할 수 있다면 알아듣는다.'

'운이 나빴을 뿐이다.'

'충분한 대처 방법을 가지고 있다.'

'나는 그 일을 충분히 해결할 수 있다.'

'동료들은 나를 응원하고 신뢰한다.'

'나의 일은 가치 있다.'

'사람들은 내가 처리해 준 일에 고마워한다.'

두렵고 무서운 감정을 낮춰줄 수 있는 긍정적인 문장을 만들어보고 그것을 계속 반복해서 읽어보길 바란다. 스스로에 대한 믿음이 강하다면 문제가 발생하더라도 침착하게 해결을 위한 방법을 모색할 것이다. 그저 문제를 회피하기 위해 나의 마음을 해치는 줄 알면서도 쉽게 무릎을 꿇는 일은 없을 것이다.

실천 난이도(강) 트라우마 극복하기

두려움을 극복하기 위해 평소 어떤 노력을 하고 있는지 점검해 보도록 한다.

1. 긍정어 외치기
2. 새로운 것에 도전하기
3. 타인과 감정 공유하기
4. 감정 조절을 위한 호흡 훈련하기
5. 감사함 찾기

강한 마음을 가진 사람에게는 수용도, 변화도 어렵지 않은 일이 될 수 있다.

실천 난이도(중) 감성 커뮤니케이션 활용하기

사람은 누구나 자신이 원하는 것이 충족되지 않으면 불만족하게 되며 그 즉시 자신의 마음을 본능적으로 어디에든 표출하고 싶어진다. 그런데 마침 해당 문제를 처리해 줄 담당자가 자신 앞에 있다면 더욱 강하게 욕구를 충족시키기 위해 끊임없이 요구하게 될 것이다. 이럴 때 대처하는 방법은 아래와 같다.

1. 감정 읽어 주기
2. 욕구(잠재 니즈) 읽어 주기 및 공감하기
3. 문제 해결을 위한 대처 방안 제시하기

그러나 소위 진상 고객은 보통의 대처로는 통하지 않는 경우가 있다. 무엇인가 직원으로부터 왕 대접을 받아야만 목소리를 낮추는 사람이기 때문이다. 그때는 회사에 도움을 청해보자.
사회의식이 바뀌기 전까지 감정노동의 가치를 제대로 평가 받기 어렵다. 스스로 그 가치를 포기하지 않도록 하자!

실천 난이도(약) 도망치지 말 것

빠르게 해결하겠다는 조급함을 버려야 한다. 도망치는 것은 나의 장기 기억에 두려움의 트라우마를 만들 수 있다는 점을 명심하자.

‘두려움’과 ‘공포’의 감정노동으로 쌓인 피로 회복법

불안과 공포는 나를 위협하는 존재로부터 위험을 예견했을 때 느껴지는 반응이다. 불안은 막연한 위험이고 공포는 보다 구체적이고 대상을 두고 느끼는 강력한 위험이다. 즉 어두운 산속에서 이름 모를 동물의 울음소리가 계속 들려올 때 느껴지는 감정이 불안이라면 눈앞에 날카로운 발톱을 세우고 덤벼드는 사자를 보았을 때 느껴지는 감정이 공포인 것이다. 그리고 우리는 일반적으로 이러한 불안과 공포를 느끼게 되면 모른 척 회피하거나 빠르게 도망치려는 행동을 취하게 된다. 그래야 내가 위험으로부터 안전해질 수 있다고 판단되기 때문이다. 그렇다고 모든 사람이 회피나 도피를 선택하는 것은 아니다.

나는 사실 고양이를 굉장히 싫어한다. 아니 좀 더 정확히 말하자면 무서워한다가 맞을 것이다. 길을 가다 고양이를 보게 되면 소스라치게 놀라는 일이 부지기수다. 하지만 이런 나와는 다르게 7살 하윤이는 고양이를 많이 좋아한다. 그리고 언제부턴가는 강아지와 고양이 기르는 방법에 대해 자세히 적혀있는 <애완동물 기르기> 라는 책도 열심히 읽고 있다. 고양이에 대한 지식이 나보다 7살 아이가 훨씬 많아진 것이다. 아이는 고양이를 길에서 갑자기 만나더라도 무서워하지 않는다. 그리고 옆에서 놀란 가슴을 쓸어내리고 있는 엄마에게 괜찮다고 말해주면서 고양이에 대해 이런 저런 설명을 해 주기도 한다. 그 덕분인지 예전엔 그저 고양이를 보는 것 자체가 무서웠다면 물론 지금도 품에 안을 수는 없지만 눈으로 바라보거나 털을 쓰다듬어 주는 정도까지는 공포감 없이 할 수 있게 되었다.

불안과 공포를 전달했던 동물이라도 그 특징이나 성향에 대해 어느 정도 파악이 되면 회피나 도피로 벗어나려하지 않고 마주할 수 있게 된다. 직장 내 인간관계도 비슷할 것이다. 그 사람에 대해서 잘 모를 때에는 그저 두려운 대상이다. 특히 상대방이 나를 평가하는 권한을 가지고 있을 때에는 모든 행동들이 조심스러워지면서 그 불안수준은 마치 면접을 볼 때처럼 높아질 수밖에 없을 것이다. 하지만 면접에서도 철저한 준비를 해왔던 응시자들은 여유를 보이는 것처럼 평소 그 사람이 선호하는 업무 스타일, 집중 업무 시간대, 중요하게 생각하는 우선순위, 실수가 용납되지 않는 경우 등에 대해 파악이 된 후라면 도전해 볼만한 상대가 되어 있을 것이다. 그래서 때로는 걱정과 불안이라는 감정은 잘만 이용한다면 나의 부족한 부분을 채우는 성장의 원동력이 되어주기도 한다.

다만 나를 과소평가 하는 마음에서부터 출발한 부정적인 생각들은 빠르게 잘라내는 것이 좋겠다. 여기 반쯤 물이 들어있는 잔이 있다. 당신이 보기에 물이 반이나 차 보이는가? 반밖에 없어 보이는가? 불안이 미래를 해석하는 비관으로 확대되진 말아야 한다.

- 나를 싫어하지 않을까?
- 나를 무시하지 않을까?
- 나를 거부하지 않을까?
- 나에게 화를 내지는 않을까?
- 나는 이 상황을 헤쳐 나갈 수 없을 거야.
- 나에게 무리한 요구를 하지는 않을까?
- 내가 알고 있는 방법들은 아무런 도움이 되지 못할 것이다.

내 안의 불안심리를 케어하는 것으로 자신감을 높이고 업무의 생산성과 연결시키는 방법도 있지만 타고난 불안쟁이들에게는 이 방법이 어렵기만 하다. 이럴 경우는 역으로 긍정적 정서를 먼저 충분히 채워 넣는 것으로 불안 심리를 케어하는 방법을 택할 수도 있다.

실제 긍정심리학회에서 수행했던 수많은 실험과 연구 조사들에 의하면 행복감이 높은 사람들일수록 직업 만족도가 높았으며 이는 업무 수행력에 있어서도 상사로부터 좋은 평점을 받았다고 밝혀진

바가 있다.

나를 즐겁게 만드는 것에는 무엇이 있을까? 산책, 친구들과의 모임, 맛있는 식사, 영화보기, 가족과 소통, 여행, 독서 등 여러 가지가 있을 것이다. 하지만 당신은 이런 좋은 시간을 보내고 있을 때조차도 '이 시간은 언젠가 끝난다. 그 후로 또 뭘 해야 하지.'하는 식으로 꼬리를 무는 부정적인 생각들을 떨쳐 버리기가 쉽지 않을 것이다. 그래서 우리는 감정을 인식하는 훈련부터 시작해야 할 것이다. 바로 불안한 감정을 조절하고 합리적 사고를 높일 수 있도록 감성 일기를 써 보길 권한다.

'두려움'과 '공포'를 극복하는 TIP

오늘 하루 나의 경험을 감성일기로 대화해 봅니다.	(2013년 10 월 5 일)
탐색 (나의 경험)	그냥 하루 종일 빈둥빈둥 쉬고 싶었다. 아무도 나에게 뭐라고 하지 않는데 왜 혼자서 매일 마음이 불안하고 이리 뛰고 저리 뛰는지 알 수가 없다. 그저 멍 때리면 조금 나아질까 싶어서 드라마를 봤다.
확인 (내가 가졌던 생각, 느낌)	주인공은 정말 멋있는데 난 왜 자꾸 눈물이 나는지 진짜 드라마 대사처럼 몸이 말하고 있는 것만 같다. 요즘 자꾸 반복되었던 나의 우울감이나 좌절감들의 이유를 생각하게 만들었다.
이해 (경험에서 얻은 깨달음)	내가 얼마만큼 솔직한지 생각해봤다. 진짜 남편에 대해 이해와 배려를 하고 있는 것인지 아니면 하는 척 하는 것인지…. 남편과의 대화 속에서 진심어린 마음의 이해가 부족하다는 것을 깨달았다. 남편에게 혹시 상처가 될까 봐 두려워 그냥 덮어 놓고선 그걸 이해라고 생각했다. 진정한 이해를 한 것이 아니었기에 원망의 소리가 나온다는 것을 또 한 번 생각하게 됐다. 남편에게도 도피처가 필요하지 않을까?
개선 (개선하고 싶은 점)	남편의 이야기를 많이 들어줘야겠다. 늘 내 생각만 주저리주저리 말했지 남편의 이야기를 잘 들어주지 못했던 것 같다. 남편의 솔직한 속마음을 알아주고 진짜 마음을 이해해 주는 관계로 다시 발전해 보자고 다짐했다.
적용 (향상을 위한 나와의 약속 또는 실천 계획)	남편의 일상을 궁금해 하는 아내가 되어보자! 전화도 자주하고, 사소한 이야기를 물어봐주는 일상 속 아내 되기.

(위 내용은 필자가 주최한 감성코칭 세미나 참가자의 감성일기를 허락 하에 사용한 것입니다.)

하루의 경험을 글로 정리하다보면 보다 객관적으로 나를 살필 수 있을 것이다. 준비가 필요한지, 생각의 구조를 바꿔야 하는지 답이 보일 것이다. 이렇듯 조금씩 채워진 긍정적 정서는 분명 나를 괴롭혔던 일상 속 감정노동의 순간을 편하게 극복하는데 큰 도움이 되어 줄 것이다.

< 감성일기 쓰기 >

오늘 하루 나의 경험을 감성일기로 대화해 봅니다. (20 년 월 일)	
탐색 (나의 경험)	
확인 (내가 가졌던 생각, 느낌)	
이해 (경험에서 얻은 깨달음)	
개선 (개선하고 싶은 점)	
적용 (향상을 위한 나와의 약속 또는 실천 계획)	

맺음글

이 시대를 살고 있는 우리 모두는 감정노동자이다. 하지만 자신이 행동한 감정노동의 가치를 어떻게 평가하느냐에 따라 의식되는 감정의 결과는 많이 다르다는 것을 본 책의 네 가지 감정별 사례를 통해 알 수 있다.

궁극적으로 감정노동을 극복하는데 있어서 이 책은 감정노동의 해결을 위한 기업과 사회의식의 변화보다는 개인의 감정 인식 능력과 조절 능력을 향상시키는 것에 초점을 맞추다 보니 아마도 '결국은 또 내가 바뀌어야 하는 것인가?'로 다소 탐탁지 않은 생각이 들 수도 있다. 하지만 솔직히 어쩔 수 없다. 결국은 내가 타인과 환경, 그리고 사회를 바꾸는 것은 더더욱 어려운 일이니 나에게서 답을 찾아야만 하는 것이다. 하지만 개인이 약간의 용기만 내줄 수 있다면 직장 내 인간관계 안에서 발생되는 감정노동은 상대방의 행동을 내가 역으로 통제하는 것도 가능해질 수도 있다는 희망을 발견할 수 있다.

우리는 직장 내 인간관계 속에서 수치심, 부끄러움, 분노, 화, 슬픔, 실망감, 불안, 두려움 등과 같은 부정적 감정 속에서 감정노동을 수없이 경험하게 된다. 그리고 이러한 감정노동이 적절하게 처리되지 못했을 때 인간관계가 와해되거나 직무 몰입도가 떨어져 크고 작은 실수로 연결되기도 한다.

우리의 몸과 마음의 기능을 저해시키는 부정적 감정은 해소되지 못하고 억제될 경우 마음에 찌꺼기처럼 남아 기분을 저조하게 만들어 버린다. 그렇다고 직장 내에서 느껴지는 감정대로 표현한다는 것도 어렵기만 하다. 혹시라도 '속 좁은 사람', '사회 부적응자', '비 매너적인 사람' 으로 비춰져 구성원들 사이에 퍼지게 될 비호감의 이미지를 무시할 수만은 없기 때문이다. 하여 감정노동을 유발시키는 부정적 감정을 상대방의 마음이 상하지 않도록 적절하게 잘 표현하는 것이 가장 중요할지도 모르겠다. 상대방의 마음은 상하지 않게 하면서 행동은 변화될 수 있도록 나의 감정을 전달하는 것. 한마디로 어렵다. 그래도 몇 가지 꼭 지켜야 하는 기본 공식만 잘 알고 주의해서 표현할 수 있다면 당장 적용해 볼 수도 있을 것이다.

- 상대방을 판단하고 평가하는 표현하지 않기
  (너무 이기적이야 / 항상 무시했어 / 소심한 거 아니야)

- 질책하거나 공격하는 방식의 표현하지 않기
(이렇게 밖에 못해? / 넌 그게 문제야 / 넌 그 정도밖에 안돼)

- 상대방 탓을 하며 책임을 전가하는 식의 표현하지 않기
(ooo 때문에 일어난 일 / 전적으로 ooo에게 책임이 / ooo가 지시한 일)

- 공격적인 표현하지 않기
(그럴 자격 없어 / 상사면 다야 / 그대로 상사에게 보고하면 되죠)

이런 표현들은 자칫 상대방으로 하여금 자신이 잘못한 점을 인식하고 있더라도 자신의 방어를 위해 저항할 수 있게 만드는 표현들이니 되도록 사용하지 않도록 주의해야 한다.

그러면 어떤 표현이 좋을까? 솔직하게 나의 감정과 내가 원하는 바가 무엇인지 설명하고 마찬가지로 상대방의 감정과 원하는 바를 읽어주는 것이다. 이런 적절한 표현은 내가 감정 처리를 위해 사용하는 시간과 노력을 감정노동이라고 해석하지 않고 활기찬 직장 분위기를 위해 기여하는 최소한의 처세술로 받아들이는 자세를 만들어 줄 것이다.

그런데 이런 표현 자체가 아직은 어려운 사람들은 자신의 마음을 스스로 다치지 않게 하기 위해 앞서 각 감정별 대처 방식에서 설명했던 내면을 강화하는 훈련들을 통해 튼튼한 방공호를 지을 수 있어야 한다.

결론적으로 직장 내 인간관계에서 발생하는 감정노동에서 편안해질 수 있는 개인의 방법은 두 가지 정도로 나눌 수 있다. 타인의

행동에 변화를 가져다 줄 수 있도록 내가 느꼈던 부정적 감정을 적절하게 전달하거나 상대방은 배제하고 스스로 수용능력을 높일 수 있도록 내면을 강화하는 것이다.

당신은 어느 쪽을 택하겠는가?

나는 강의를 하며 여러 교육 대상자들을 상대로 같은 질문을 해봤다. 직장(일,사람)을 떠올리는 순간 곧바로 자신에게 떠오르는 감정이 무엇인지 말해 달라는 것이었다. 신기하게도 많은 사람들은 두 개의 서로 다른 성격의 양가감정을 말해주었다. 만족과 즐거움에 해당하는 긍정적 감정과 불안, 분노, 우울과 같은 부정적 감정이었다. 많은 사람들에게 직장은 여러 가지 책임을 요하는 힘든 곳임에는 틀림없지만 더불어 나를 성장시키고 생활할 수 있도록 돕는 삶의 터전이기도 한 것이다. 나의 삶의 터전에서 앞으로는 행복한 일들이 가득하길 희망해 본다. 나와 너의 감정은 모두 소중하기에.

마지막으로 책을 쓰는데 있어 도움 주고 포기하지 않고 끝까지 써내려 갈 수 있도록 응원해주신 가족, 친구, 소스토리 감자들, SES, 지인들께 감사드립니다. 특히 감정별 intro 부분을 채울 수 있도록 귀한 시를 선물해 주신 김선규 님께 깊이 감사드립니다. 더불어 보다 사실적인 감정노동 사례를 구성할 수 있도록 도움주신 손상식, 최아롬, 김연서, 정원혁, 이미옥, 손정하, 신미정, 김주희, 이주연, 임혜수, 이주원, 김동균, 박창근님께 감사의 마음을 전합니다.